UN AN
A ROME
ET DANS SES ENVIRONS.

UN AN
A ROME
ET DANS SES ENVIRONS.

RECUEIL DE DESSINS LITHOGRAPHIÉS,

REPRÉSENTANT

LES COSTUMES, LES USAGES ET LES CÉRÉMONIES CIVILES ET RELIGIEUSES DES ÉTATS ROMAINS, ET GÉNÉRALEMENT TOUT CE QU'ON Y VOIT DE REMARQUABLE PENDANT LE COURS D'UNE ANNÉE;

DESSINÉ ET PUBLIÉ

PAR THOMAS,

EX-PENSIONNAIRE DU ROI A L'ACADÉMIE DE FRANCE, A ROME.

PARIS,

DE L'IMPRIMERIE DE FIRMIN DIDOT, IMPRIMEUR DU ROI,
RUE JACOB, N° 24.

M DCCC XXIII.

UN AN
A ROME
ET DANS SES ENVIRONS.

Felicissimo capo d'anno (bonne année), tel est le vœu dont on se salue mutuellement à Rome, ainsi qu'en France, le premier jour de janvier; mais ce jour-là, à Rome, c'est à-peu-près tout ce que l'usage demande; les cadeaux sont réservés pour d'autres époques; par exemple à Noël, où l'on donne et où l'on reçoit la *befana* (les étrennes). Cependant, ainsi et plus qu'en France, les gens du peuple, les valets surtout, profitent avec empressement de toutes les circonstances pour demander la *buona mancia*, et l'on peut croire que, le premier jour de l'an, le *pour-boire* italien n'est pas oublié.

BÉNÉDICTION *DEL BAMBINO* DE L'*ARACELI* (1), AU CAPITOLE. (Pl. I.)

Le jour des rois ou de l'Épiphanie, ainsi que les autres grandes fêtes religieuses, est annoncé, dès le matin, par l'artillerie du château Saint-Ange. C'est le dernier jour où se voient les *presepj*, petits théâtres représentant l'enfant Jésus dans la crèche (2).

A l'église de l'*Araceli*, lorsque les vêpres sont terminées, on fait la procession, dans laquelle on porte le *santissimo Bambino*, retiré de la crèche où il était exposé depuis Noël. La procession se montre trois fois

(1) Du latin *ara cœli*, autel consacré au *ciel* ou *Jupiter*. C'est, dit-on, sur l'emplacement de cette église qu'était le temple de Jupiter Capitolin, où les triomphateurs allaient rendre des actions de graces. L'escalier, composé de cent ving-quatre marches, est en marbre.

(2) *Presepio* veut dire *crèche*, *mangeoire*. Les *Pifferari* et les *Presepj* se voient encore dans les premiers jours de l'année jusqu'à l'Épiphanie; mais comme ils font essentiellement partie des fêtes de Noël, nous n'en parlerons qu'à cette époque.

La veille du jour des Rois, il se tient la nuit une foire sur la petite place de Saint-Eustache, derrière le Panthéon : elle est très-fréquentée; on y vend des jouets d'enfant et des sucreries, qui [illegible] ordinairement la *befana* que l'on donne aux enfants parmi le peuple.

sur le grand palier de l'escalier de l'*Araceli*, et, à chaque fois, on bénit le peuple avec l'enfant Jésus. Cette cérémonie attire un grand concours de monde. Les fenêtres des maisons qui avoisinent le Capitole sont pour la plupart ornées de draperies rouges bordées de clinquant or ou argent. Cet usage est toujours observé, aux jours de fêtes, dans les rues où passent les processions et les cortéges, ainsi que dans le voisinage de l'église où se fait la célébration.

GENS DU PEUPLE A ROME.

(Pl. II.)

Leur habillement est assez pittoresque. Presque tous les hommes sont couverts de vastes manteaux qu'ils ajustent de diverses manières; ils sont tellement accoutumés à ce costume, qu'ils se drapent aussi avec le pan d'un *ferrajuolo* (houppelande à longs collets), ou même avec leurs vestes qu'ils jettent sur l'épaule quand ils vont bras nus. Les *minenti* sont les élégants parmi le peuple; ils portent des vestes de velours, et de larges boucles d'argent à la jarretière et aux souliers. Les femmes ont de grands pendants d'oreille en or ou simplement dorés, des peignes d'argent ciselés; et aux jours de fêtes leurs doigts sont chargés de bagues dorées, dont chacune doit cacher une phalange. Ce luxe s'étend aux colliers, qui sont d'or ou de corail; elles ont aussi quelquefois des boucles sur les souliers. Leur chevelure est, ou nattée avec goût, ou contenue dans un réseau de couleur, ainsi qu'on en voit à beaucoup d'hommes. L'hiver, les femmes du peuple se couvrent la tête d'un capuchon de soie noire garni de dentelle, et qui ressemble assez à un mantelet sans dessus d'épaule. (Voy. pl. III).

INTÉRIEUR DE MAISON DU PEUPLE.

(Pl. II.)

A Rome, on se chauffe peu au feu des cheminées, et on ne fait presque jamais usage de poëles. En général, dans l'Italie, on n'emploie contre le froid que le *focone*. Ce *focone* est un vase de terre ou de cuivre rempli de cendre et de charbon allumé au grand air; il varie de forme et de matière selon la richesse de celui qui en fait usage; l'origine du *focone* remonte aux temps antiques. Les Romaines tiennent souvent à la main un pot presque semblable à ce qu'à Paris, selon l'expression populaire, on nomme un *gueux*, et qui est destiné au même usage; à Rome, c'est *lo scaldino* ou *il marito;* il est de terre pour le peuple, et pour la bourgeoisie, de fayence coloriée avec des ornements à jour.

Nous n'examinerons pas tout ce qui compose l'intérieur d'une maison du peuple. On y trouve souvent la guitarre et le tambour de basque, destinés surtout à la danse du pays, *il saltarello.* La lampe est un meuble de rigueur; car le peuple, pour s'éclairer, fait ordinairement usage d'huile que l'Italie, féconde en olives, fournit à bon marché. Les riches se servent de bougies. Quant à l'image de la *madonna,* on la trouve partout (1).

BÉNEDICTION DES CHEVAUX.

(Pl. III.)

Près de Sainte-Marie majeure est l'église de Saint-Antoine; devant cette église s'élève une colonne érigée en 1595, en mémoire de l'absolution de Henri IV. Le 17 de janvier, le pape, les cardinaux, les princes, et même les particuliers (2), envoient leurs chevaux et leurs mulets à Saint-Antoine, afin qu'il leur donne sa bénédiction. D'une petite porte qui se trouve près de l'entrée de l'église, un prêtre asperge les animaux, les harnois et les équipages au nom et pour l'amour du saint. Dans l'église, à droite en entrant, on a placé sur une table recouverte de velours, le buste colorié de Saint-Antoine; on baise une croix rouge peinte sur son épaule, puis un plat d'argent, posé devant le saint et gardé par un enfant de chœur, qui reçoit l'offrande.

Les jours de fête, la coutume est de revêtir l'intérieur des églises de grandes bandes d'étoffe rouge, en soie et en velours, garnies de clinquant; à l'extérieur, au-dessus de la porte, on attache les armes coloriées du cardinal titulaire, avec cette inscription : *indulgenze plenarie;* dans l'intérieur et au dehors de l'église, on répand des feuilles de buis, de laurier, et quelquefois des fleurs.

THÉATRES.

Les théâtres ne sont ouverts à Rome qu'à deux époques de l'année: en hiver, après Noël, et au commencement de l'automne; mais c'est surtout à la première époque, désignée communément sous le nom de

(1) La *madonna* est suspendue, non-seulement dans les églises et dans les palais, mais les cours des maisons, les escaliers et les corridors, les rues, les places publiques, les maisons, les boutiques, les auberges, les étables, les écuries, enfin les sentiers et les grandes routes, l'offrent aussi à l'adoration des fidèles. Une lampe brûle quelquefois auprès de l'image; si une *madonna* est en grande réputation, elle est entourée de plusieurs lampes et d'ex-voto de toutes sortes.

Autrefois la ville n'était éclairée que par les lampes des *madonne;* maintenant il y a des réverbères. C'est sans doute à cette mesure et à quelques autres, comme par exemple à la défense expresse de porter des couteaux, que l'on doit de pouvoir marcher avec sécurité la nuit dans les rues de Rome.

(2) Les gens du peuple de Rome et des campagnes ornent de fleurs et de rubans la queue et la crinière de leurs chevaux.

Carnevale, que tous les théâtres sont en activité (1). Il y en a huit à Rome, qui sont : *Argentina*, pour les grands opéra et les ballets ; *Valle*, pour l'opéra buffa et la comédie ; *Aliberti*, pour les bals masqués ; à *Tordinone*, où les comédies boufonnes ont leur polichinelle napolitain, on joue aussi l'opéra et la tragédie ; à *Capranica* on représente des drames sanglants et des farces ; à *la Pace*, des petites comédies pour le peuple, où figure aussi Polichinelle ; *Pallacorda* est le grand théâtre des marionnettes ; celui de *Granari* a des drames pour le commun du peuple, et enfin il y a deux autres petits théâtres de pantins (*Burattini*), qui sont très-suivis, et où l'on joue parfois de meilleurs ouvrages qu'à de plus grands théâtres ; on y donne plusieurs représentations par soirée.

Dès qu'on ouvre les bureaux, des hommes se tiennent à quelque distance du théâtre avec des torches allumées ; souvent ils appellent les passans et les engagent à entrer.

Dans l'intérieur de plusieurs théâtres, les couloirs, pour le service des loges et du parterre, ressemblent assez à des greniers. Il n'y a pas d'ouvreuses de loges ; on prend au bureau une clef numérotée de la loge où l'on va, et un homme vient la chercher avant la fin du spectacle. Les places du parterre sont numérotées, ce qui permet d'arriver à l'heure qui plaît ; on peut acheter des billets de loge et de parterre le matin de la représentation ou plusieurs jours avant (2).

(1) Cette durée des spectacles doit expirer le mardi gras avant minuit, par respect pour le jour des cendres qui suit. La représentation commence toujours à deux heures de nuit, et dure environ quatre heures ; ce qui, dans le commencement de l'automne, porte la fin du spectacle à une heure ou deux après minuit. On ne joue jamais le vendredi.

(2) Sur ces billets sont écrits, à droite et à gauche, suivant la saison : *carnevale* ou *autunno*, le numéro de la représentation, celui du banc de droite ou de gauche, et celui de la place. On les déchire en deux à l'entrée du théâtre, et la moitié que l'on garde sert de contre-marque. Les jours d'ouverture et de première représentation, le prix des places est augmenté.

On ne siffle pas aux théâtres d'Italie ; l'improbation se manifeste par des huées ou en étouffant la voix des acteurs par de bruyantes conversations. On connaît l'usage bizarre qui oblige les acteurs à saluer le public à chaque fois qu'on les applaudit ; même à une sortie, Brutus, César, Horace, Cléopâtre, doivent rentrer en scène pour s'incliner avec le plus de grace possible devant un battement de main. Les Italiens vous disent à ce sujet : *On sait bien que ce ne sont ni Cléopâtre, ni Brutus, ni Pompée ; le principal est d'être poli.* Nous dirons aux Italiens que le principal est d'être vrai, et que toute vérité théâtrale est perdue avec cette prétendue politesse. Cet usage est encore plus étendu. Lorsqu'un air a fait plaisir au public et qu'on l'applaudit, le compositeur, qui dirige ordinairement l'orchestre le jour de la première représentation, se lève et s'incline très-humblement, surtout quand l'extase est complète et que la salle retentit de ces cris des *dilettanti : ah caro ! bravo ! e viva il maestro !*

Leurs poëmes sont presque tous gâtés par l'obligation où se trouvent les compositeurs de faire des airs pour tous les acteurs ; mais que dira-t-on de la ridicule manie de certains théâtres qui ne craignent pas de manquer au goût, aux convenances et à l'illusion, en offrant au public des pièces sérieuses coupées par des pièces comiques que l'on joue à chaque entre-acte ? Ces comédies ne sont pas seulement des intermèdes, puisqu'elles ont leur intrigue, leur dénouement, et quelquefois deux actes pendant lesquels on a le temps d'oublier la tragédie ou l'opéra dont on a vu une partie.

Le peuple aime les spectacles qui offrent des crimes et du sang. On entend souvent, aux théâtres qu'il fréquente, les exclamations de ceux qui pleurent et s'intéressent à l'action : *traditore ! sia ammazzato il scellerato ! poverina, quant' è cara ! fa compassione ; Dio mio, ajutatelu.*

LOGES DE THÉATRE.

(Pl. IV.)

Chaque propriétaire d'une loge louée pour l'année, ou la saison, peut décorer sa loge de draperies de diverses couleurs; autrefois les nobles y ajoutaient leurs armoiries coloriées. Quand le maître d'une loge est mort, on ferme les rideaux pendant un jour ou deux.

Comme la salle est obscure (un lustre fort triste disparaissant avant le lever du rideau), on permet à certaines personnes d'avoir des bougies dans leurs loges, où elles reçoivent des visites et où l'on fait conversation. Des ecclésiastiques fréquentent les spectacles; s'ils vont au parterre, on ne les reconnaît qu'au chapeau et au collet.

POLICHINELLE ET GROTESQUES.

(Pl. IV.)

Le Polichinelle (*Pulcinella*) est napolitain; c'est le buffon des théâtres secondaires; il dénature tout ce qu'on dit, comme font nos paillasses; mais il a souvent des réparties fort plaisantes. Dans les drames, il est le niais qui approche des grands; le peuple s'en amuse beaucoup : c'est comme à nos boulevards.

Les danseurs italiens brillent par des tours de force, et forment entre eux des groupes assez bizarres; on leur a donné le nom de *grotesques*. Ils ont aussi leurs danseurs à pirouettes, mais qui n'ont ni la grace ni la légèreté des nôtres.

ORPHELINS A L'ENTERREMENT D'UN ENFANT.

(Pl. V.)

C'est la coutume en plusieurs endroits de l'Italie, lorsque l'on porte un mort par les rues, de lui laisser découverts le visage, les mains et les pieds. On ne cache le cadavre que lorsqu'il est hideux à voir, et que ses traits sont décomposés. Un crucifix est placé sur sa poitrine; les enfants et les jeunes personnes ont une couronne de fleurs aux pieds. A l'exception du clergé, qui assiste toujours aux enterrements, souvent les orphelins forment seuls le convoi d'un enfant (1). Sur les pieds du jeune mort repose une couronne de fleurs, telle qu'on la voit parmi nous sur le cercueil des vierges.

(1) Pour faire accompagner un enfant mort par les orphelins, il en coûte cinq ou six piastres (vingt-cinq ou trente francs.)

Nous réservons les autres particularités pour la description complète d'un enterrement.

PRÉDICATION DANS LE COLISÉE.

(Pl. VI.)

Plusieurs jours de la semaine, notamment le dimanche, les pauvres de la ville assistent à des prédications dans l'enceinte du Colisée; le zèle pieux de chacun d'eux est récompensé par un sou (*un baiocco*).

Les enfants des pauvres y reçoivent aussi les premières instructions sur la doctrine chrétienne. Les leçons de catéchisme et les prédications ont ordinairement lieu à vingt-deux heures, c'est-à-dire deux heures avant la nuit (1).

CARNAVAL.

A Rome, le carnaval dure huit jours (2) qui ne se suivent pas, car comme ils commencent toujours un samedi, par respect pour les institutions religieuses, les bals et les mascarades sont suspendus les dimanches et le vendredi qui précede le mardi gras. Ces huit jours sont au nombre des plus agréables que l'on puisse passer à Rome; la gaieté la plus vive y est accompagnée d'une décence, au moins apparente: une police sévère y maintient le bon ordre.

IL SOMARO.

(Pl. VII.)

Ordinairement, le carnaval, à Rome, est précédé d'une exécution à mort. Quand elle n'a pas lieu, on promène dans certains quartiers de la ville un ou plusieurs condamnés aux galères. Ce châtiment rappelle l'exposition du tabouret en France. Le coupable est placé sur un âne (*somaro*); ses pieds sont attachés avec une corde sous le ventre de l'animal; un colier de cuir très-épais l'oblige à tenir la tête haute; il a les mains liées derrière le dos; sa poitrine est recouverte d'un écriteau sur lequel sont inscrifs, son nom, son crime, et son jugement; autour de lui sont suspendus les instruments qui ont servi à ses vols, et les objets

(1) On compte les heures en Italie, non pas par 12 comme en France, mais par 24, la première heure commençant à la fin du jour, quelle que soit la saison. Quand la vingt-quatrième heure est expirée, on sonne l'angelus dans toutes les églises; les habitants, ou chez eux ou dans les rues, font le signe de la croix, et les plus dévots récitent des prières. Ce moment de la fin du jour est appelé l'*ave maria*.

(2) En 1818, il n'y avait qu'un jour de carnaval; cependant le pape permit les huit jours accoutumés, eu égard à l'avantage qu'en devait retirer le commerce intérieur de la ville, Rome étant si paisible le reste de l'année. C'est à cette époque, et pendant la semaine sainte, que les étrangers abondent à Rome.

volés, pièces de conviction. L'âne est conduit par un valet du bourreau; un autre valet ouvre la marche, en tenant en main le nerf-de-bœuf dont on frappe les condamnés au *cavalletto*. Le bourreau marche derrière le coupable; s'il y a plusieurs *somari* à la suite du premier, ils sont menés par des gens pris parmi le peuple, recouverts de l'habit de pénitens (*saccone*), habit fait de grosse toile de sac.

IL CAVALLETTO (1).

(Pl. VII.)

Le matin du premier jour de carnaval on dresse un échafaud à l'endroit même où l'on doit se divertir (2). Sur cet échafaud est une espèce de prie-Dieu où sont pratiquées des ouvertures que l'on resserre avec des vis; elles reçoivent les extrémités des bras et des jambes du patient, qui, dans la posture obligée, tend le dos et les reins au bourreau. Celui-ci, armé d'un nerf-de-bœuf, fait tomber sur le coupable le nombre de coup prescrit; s'il le ménage, il prend sa place (3).

Le magistrat, chargé de la police, peut condamner et faire exécuter sur le champ, celui qui aurait troublé l'ordre, ou insulté quelque femme. Suivi d'un dragon, il se promène à cheval rue du Cours tout le temps que les masques s'y tiennent.

COSTUMES DE CARNAVAL.

(Pl. VIII.)

Les masques ne peuvent courir les rues avant que l'office du matin soit terminé dans toutes les églises. A 20 heures (une heure après midi), la cloche du Capitole donne le signal des plaisirs (4); alors peu à peu la

(1) Dans le cours de l'année, le supplice du *cavalletto* (*chevalet*) est appliqué à ceux qui portent des couteaux, qui jouent à des jeux défendus dans les auberges, qui se battent, etc.; bien souvent on transporte le *cavalletto* aux lieux où la faute a été commise.

(2) En 1817, le *cavalletto* était placé contre l'église Saint-Charles, au Cours, en regard d'une *madonna*; l'année suivante, il était derrière l'église, sur la petite place des Huit Cantons; la nuit, on place deux lampions (*fioccoli*) de chaque côté du *cavalletto*.

(3) Les étrangers qui troublent l'ordre sont conduits en prison, jusqu'à ce que leur ambassadeur intervienne dans l'affaire; les Romains seuls sont punis de suite.

(4) Cette fameuse cloche, que l'on ne sonne que dans des circonstances extraordinaires, telles que la mort du pape ou son élection, avertit les masques qu'ils peuvent se montrer en public. A ce signal, les troupes réunies place du Peuple, se forment en pelotons et, au son d'une musique guerrière, défilent le long de la rue du Cours jusqu'à la place de Venise; de là, divers détachemens vont s'emparer des issues des rues qui donnent sur le Cours; c'est un spectacle unique que celui que présente cette rue à 22 heures et demie (trois heures et demie de France); tout y est animé, tout y respire le plaisir; un bal masqué a souvent bien moins d'attraits, et les intrigues n'y peuvent être plus piquantes. Le trottoir du palais *Ruspoli* est fréquenté par la bonne société, et les chaises s'y louent fort cher. C'est aussi vers cette partie du Cours que se passent ordinairement les scènes les plus comiques et les plus bruyantes.

ruë du Cours se remplit de monde et de voitures ; elle devient le rendez-vous de Rome entière. Dans toute sa longueur, qui est d'environ une demi-lieue, elle est garnie d'amphithéâtres ou gradins en planches, recouverts de tapisseries ; les fenêtres des maisons, les loges des palais surtout, sont ornées de tapis et de draperies garnis de clinquant, ce qui donne à cette ruë un air de fête. Les voitures vont en sens contraire sur deux files ; celles des princes romains, attelées à 6 chevaux, ayant seules le droit de parcourir le milieu. Les piétons remplissent les côtés de la rue et l'espace qui reste entre les voitures. Les cavalcades sont défendues ; elles auraient difficilement lieu sans danger au milieu de tant de monde. Quelques dragons nécessaires au bon ordre sont les seuls cavaliers qui puissent rester dans le Cours, et ils ne marchent qu'avec des précautions infinies.

Parmi les déguisements, on trouve un grand nombre de paysannes des états romains, brillantes de clinquant et de broderies or et argent, et de rubans de toutes couleurs ; des *pagliaccette*, femmes de *pierrots*, dont le vêtement est plus favorable à la taille des dames ; des fous (*matti*) revêtus d'une chemise ; des femmes juives qui toujours armées de fil et d'aiguilles, attachent des morceaux d'étoffe ou de ruban aux habits des personnes, quelquefois dans l'intention de les retrouver au bal du soir ; des jardiniers porteurs d'une sorte d'échelle pliante (*lo scaletto*) au moyen de laquelle ils envoyent des billets ou des fleurs aux dames qui sont à leurs balcons ; des polichinelles, dont plusieurs ont attaché à la grosse corde qui leur sert de ceinture, une cloche de mulet qu'ils agitent chaque fois qu'ils se rencontrent ; enfin beaucoup de costumes de fantaisie et peu de costumes de caractère, les italiens manquant de pureté à ce sujet, et ayant conservé le goût du siècle dernier, quoiqu'ils ayent de beaux modèles antiques sous les yeux. Les dames portent souvent des petits paniers remplis de fleurs et de dragées qu'elles offrent à leurs connaissances en les intrigant.

I CONFETTI.

(Pl. IX.)

Les *confetti* (dragées) sont jettés par poignées de voiture à voiture, et du haut des balcons des palais. Souvent un masque vous accoste en vous offrant ou en vous jettant quelques dragées. De-là est venu cette autre coutume de se jetter des *confetti* faits avec de l'amidon, et aussi durs que des grains de plâtre. Les combats à coup de *confetti* sont fort plaisants ; après avoir épuisé leurs munitions, vainqueurs et vaincus en sortent plus blancs que des meuniers. Cependant lorsque des personnes en usent avec excès, on interdit ce jeu qui troublerait le plaisir des autres.

Ces scènes de plaisirs et de folie durent jusqu'à l'approche de la course des chevaux. A 23 heures, sur la place de Venise, on fait partir deux boîtes auxquelles répondent deux autres tirées place du Peuple; c'est un signal pour empêcher de laisser entrer dans le Cours les nouvelles voitures qui s'y présenteraient. Une demi-heure après, le même signal est donné pour en faire sortir toutes celles qui s'y trouvent; ce qui s'exécute en moins de trois minutes, les voitures étant obligées de prendre les premières rues qu'elles rencontrent à leur droite. Les soldats qui gardaient les issues des rues adjacentes viennent former la haie le long du Cours, comme pour le passage d'un cortège. Alors les balcons, les fenêtres, les trottoirs, les estrades se remplissent de monde, et l'on attend un nouveau signal.

COURSE DES CHEVAUX (1).

LES CHEVAUX DE COURSE PRÊTS A PARTIR.

(Pl. X.)

Envoyé du palais de Venise et porteur des ordres du gouverneur, un officier à cheval suivi de quelques dragons descend au galop la rue du Cours. Lorsqu'il est arrivé place du Peuple et qu'il a rempli sa mission auprès d'un fonctionnaire préposé pour surveiller le départ des coursiers, il se retire avec ses cavaliers derrière les gradins garnis de spectateurs. Alors on amène devant une corde tendue les chevaux qui doivent courir. Ces chevaux ont la tête parée de plumes; sur les flancs et sur la croupe on leur a collé des morceaux de peau auxquels sont suspendues des boules de plomb garnies de piquants, qui doivent faire l'office d'éperons lorsqu'elles retombent par bonds à chaque élan du coursier. Sur leur dos sont attachées des feuilles de paillon qui se déroulent, s'agitent, et dont le bruit et l'éclat les excitent encore : enfin, on applique à quelques uns de l'amadou allumé à l'endroit de la naissance de la queue. En cet état, tous s'agitent, se tourmentent, se cabrent, donnent des ruades, veulent s'élancer avant le signal, et les palefreniers peuvent à peine les retenir.

(1) Paul II, Vénitien, est le premier pape qui se soit occupé de l'embellissement de Rome; il a fait construire le palais de Saint-Marc, commencé la rue du Cours, et établi les courses de chevaux de carnaval (de 1464 à 1471). Autrefois les princes romains avaient seuls le droit d'envoyer des chevaux aux courses; le lendemain matin, le maître du cheval vainqueur faisait au peuple une distribution de vin, de pain, de viandes salées, et même d'argent, selon son ostentation ou sa générosité.

Les six premiers jours de carnaval, on fait courir alternativement juments, barbes, et chevaux; les deux derniers jours, tous courent ensemble, et c'est ce qu'on appelle la *mossa* (mouvement).

Quelques chevaux sont placés entre des cloisons en planches, et tous sont rangés selon la décision du sort. C'est un fort beau spectacle que ce rassemblement des chevaux avant leur départ; il le serait davantage sans les malheurs que l'on appréhende sans cesse pour ceux qui les entourent. Ce moment excite à un très-haut degré la curiosité des assistants, qui apportent à tous les genres de spectacle l'ardeur que les anciens habitans de la cité reine apportaient aux jeux publics. Nous aurons souvent occasion de faire la même remarque.

LES CHEVAUX RUE DU COURS (1).

(Pl. XI.)

Enfin la trompette sonne, la corde s'abat, les chevaux partent. Les cris de la multitude retentissent comme une forte explosion; ils accompagnent les coursiers jusqu'à la place de Venise; la rumeur est générale. Le vainqueur, quel qu'il soit, est toujours accueilli par des bravos, mais les pauvres chevaux qui restent en arrière, hués de tous côtés par le peuple, semblent être sensibles à la honte dont on les accable, et vouloir se dérober aux cris insultants des spectateurs.

LA *RIPRESA DE' BARBERI.*

(Pl. XI.)

Le but de la course est au palais de Venise, à un endroit appelé pour cette raison la *ripresa de' barberi* (*reprise des chevaux barbes.*) On a fermé la rue en tendant une grande toile dont la partie inférieure n'est point attachée, et dans laquelle viennent se jeter les coursiers les plus fougueux; on les saisit aussitôt pour leur ôter les plaques de cuivre, et leur donner les soins nécessaires. Le gouverneur de Rome, juge de la course, est placé à une fenêtre du palais de Venise, près du but, et sur le balcon est exposé le prix réservé au vainqueur. Ce prix consiste en un drapeau et une pièce d'étoffe fournis par les juifs (2); si le prix est contesté, il est envoyé à l'église de Saint-Antoine.

La course des chevaux termine la journée. Après l'*ave maria* on quitte la rue du Cours qui redevient silencieuse, et si quelques personnes

(1) La planche XI les représente passant devant le palais de l'ancienne académie de France, instituée par Louis XIV, et dont le Bernin fut le premier directeur. L'académie de France est maintenant à la *villa Medici*, sur le *monte Pincio*.

(2) C'est un tribut au moyen duquel les Juifs de Rome ont racheté l'obligation où ils étaient autrefois de courir eux-mêmes pour divertir le peuple. On les chargeait de cailloux afin qu'ils fussent plus lents et plus lourds, ou bien on les enveloppait dans des sacs jusqu'au cou, et ils sautillaient comme ils pouvaient. Le premier jour du carnaval, les huit prix de courses sont portés au palais de Venise.

déguisées y restaient encore, elles devraient ôter leurs masques, n'étant plus alors sous la protection de la police. Le soir, on retrouve beaucoup de déguisements au spectacle, au parterre et dans les loges, mais il faut toujours que les visages soient découverts.

I MOCCOLETTI (1).

(Pl. XII.)

Le dernier jour de carnaval (le mardi gras), on ne quitte le Cours qu'après avoir fait pour ainsi dire ses adieux à la folie. Dès que la nuit commence, chacun s'arme d'une ou de plusieurs bougies allumées. Le plaisir consiste alors à souffler les lumières des voisins, et à conserver la sienne. Comme les voitures, les fenêtres des maisons, les trottoirs, sont garnis de personnes qui portent des bougies, l'illumination est des plus brillantes, et le coup d'œil en est des plus gracieux. A ce singulier spectacle se joignent les ris bruyants et les exclamations de ceux qui crient: *ammazzato quello che non ha il moccoletto!* (*qu'il soit assommé celui qui n'a pas de bougie*); *è morto il carnevale!* etc. Ce divertissement dure environ une heure.

IL FESTINO (2).

Il n'y a de bals masqués qu'au théâtre Aliberti. Ces bals sont ordinairement au nombre de 7, savoir: cinq de soir jusqu'à 6 heures (11 heures de France), et deux de nuit, depuis 7 heures jusqu'à 12 (de minuit à 5 heures); le dernier bal finit à 6 heures. L'intérieur du théâtre Aliberti est tout éclairé avec de la cire, mise dans des lustres, ou dans des candelabres de bois doré placés de chaque côté des loges. Sur la scène on a dressé deux orchestres qui jouent alternativement des contre-danses. Les nobles assistent à ces bals; ils y ont leurs loges, et se montrent quelquefois à visage découvert.

Le lendemain du mardi gras (le jour des *cendres*), Rome reprend son caractère religieux qui l'a fait surnommer la cité sainte.

LES QUARANTE HEURES.

Pendant tout le temps que la folie exerce son empire à l'époque du carnaval, la religion intervient pour expier les plaisirs. Le Saint-Siége a

(1) *Moccoletto*, petite bougie, diminutif de *moccolo*, bougie.

(2) *Festino*, *festin*, *banquet*, est entendu ici pour *réunion*, *bal*, *soirée*. Le théâtre Aliberti, où les *festini* ont lieu, est celui où Grétry donna son premier ouvrage; il a six rangs de loges, c'est un des plus grands de Rome.

institué les 40 heures, pendant lesquelles les églises, où les stations ont lieu, sont visitées par les dévots et les confréries de pénitents de toutes couleurs. On voit quelquefois plusieurs de ces confréries traverser le Cours, lorsqu'elles se rendent aux églises, au milieu de la foule des masques qui se rangent pour leur faire passage. Il est des circonstances, à Rome surtout, où les contrastes sont inévitables (1).

LA *VIA CROCE* (2) DANS LE COLISÉE.

(Pl. XIII.)

Un cardinal et une confrérie de pénitents dits *sacconi* vont en procession prier devant la croix et les stations du Colisée. A leur suite marche une congrégation de femmes; une d'elles porte une croix de bois peinte en noir. Deux pénitents se tiennent de chaque côté de l'entrée du Colisée, et présentent des petits sacs de toile dans lesquels on peut déposer son offrande. Cette visite aux stations du Colisée tient aussi à l'époque du carnaval; c'est encore une expiation des plaisirs que l'on se permet.

LE PAPE PRIANT DANS L'ÉGLISE DE SAINT-PIERRE.

(Pl. XIV.)

Tous les vendredis de mars il y a *indulgence* à Saint-Pierre (3). Le pape s'y rend quand sa santé le lui permet; il est accompagné des cardinaux qui marchent derrière lui deux à deux. Son escorte se compose alors de gardes nobles en petit uniforme, de suisses armés de hallebardes, et de gardes du Capitole. Pendant cette prière du souverain pontife, le plus grand silence règne dans la vaste enceinte de l'église.

(1) Le contraste est encore plus frappant lorqu'on voit passer un convoi funèbre au milieu des déguisements, les pénitents qui accompagnent le mort portant la croix et le *gonfalon* ou bannière de la confrérie. Toutefois ils évitent, autant que possible, d'approcher de la rue du Cours.

(2) *Via Croce* (chemin de la Croix), nom que l'on donne aux stations du calvaire.

(3) Les papes ont accordé à certaines églises le privilége des *indulgences*. Ces églises, aux jours de fêtes de leurs patrons, offrent aux fidèles un nombre de jours d'*indulgence* prescrit par les papes qui ont donné ce pouvoir aux autels. Outre les fêtes de saints, il y a des circonstances imprévues où l'on peut gagner des *indulgences*, comme, par exemple, en allant prier à telle ou telle église le jour d'une exécution à mort. Par l'effet d'une condescendance plus étendue, l'église offre aussi des *indulgences* à ceux qui pratiquent certaines coutumes religieuses, telles que de monter l'escalier saint à genoux, de répéter à des heures fixées son rosaire pour les ames du Purgatoire, de porter sur soi une médaille, un grain béni, enfin de baiser des choses vénérées, comme les pieds ou les mains des saints de bois, de pierre et de métal, ou des crucifix, des images, des tables de marbre, etc. Au bas de la grande croix qui est élevée dans le Colisée, on lit cette inscription : *Baciando la croce si acquistano due cento giorni d' indulgenza* (en baisant la croix on acquiert deux cents jours d'indulgence).

Les *indulgences* n'ont pas toujours été accordées uniquement à des pratiques religieuses; l'histoire rappelle plusieurs circonstances où elles furent converties en amendes pécuniaires par le moyen desquelles on achetait la rémission des péchés.

FRIGGITORI, LE JOUR DE SAINT-JOSEPH.

(Pl. XV.)

Le jour de Saint-Joseph les boutiques sont fermées; il y a grande messe en musique au Panthéon, où l'on a dressé un orchestre exprès pour la solennité du jour (1). Sur les places publiques et dans certaines rues s'établissent des marchands de friture (*friggitori*), qui entourent leurs tables d'arbrisseaux de buis et de lauriers implantés entre les pavés; à ce feuillage, ils attachent des guirlandes de fleurs, des rubans, et les *inévitables* sonnets en l'honneur de saint Joseph; leur friture se compose de poissons et de pâtes de diverses sortes; ils en remplissent de grands plats autour desquels sont groupés des vases de fleurs; la nuit, ils éclairent leurs boutiques avec des lampes à pieds de bois ou de fer, et ils suspendent aux arbrisseaux des miroirs qui reflètent le feu des bougies. Dans le cours de l'année, quelques places publiques ont également leurs *friggitori*, mais les baraques et les tables sont dégarnies de cet appareil qui caractérise toute fête à Rome (2).

ILLUMINATION ET FEUX DE JOIE DANS ROME.

(Pl. XVI.)

Lorsqu'il y a illumination générale dans la ville, dès la nuit close on allume des feux de joie devant les palais: c'est comme un vaste incendie. Mais le spectacle le plus curieux et le plus renommé, c'est le changement d'illumination de la coupole de Saint-Pierre. On se porte en foule sur la place de cette basilique, et dans les lieux où l'on en peut apercevoir le dôme, comme à *San Pietro in Montorio*, et devant la Trinité du Mont et la Villa Médicis. Pendant la première heure de la nuit,

(1) Pendant le carême, dans les églises où les stations ont lieu, il y a sermon et musique, principalement à l'office du soir. La décoration des églises, les chants religieux, les symphonies à grand orchestre, attirent ordinairement beaucoup de monde; faute de siéges, on se tient debout tout le temps de la cérémonie; quelques églises ont des bancs, mais ils sont remplis de bonne heure. La musique et le spectacle, dont les Italiens sont idolâtres, leur font oublier la fatigue qu'ils endurent. En général, à Rome, le culte extérieur est d'une magnificence frappante, comme si l'on voulait suppléer par la pompe du spectacle à la vraie dévotion que l'on y cherche trop souvent en vain.

C'est aussi pendant le carême que s'établissent les soirées où l'on exécute de la musique, soit théâtrale, soit religieuse; un ou deux amateurs font ordinairement les frais de ces réunions; leurs salons sont le rendez-vous de la bonne société, et les étrangers y sont accueillis avec politesse.

(2) En 1818, la fête de Saint-Joseph tomba le jeudi Saint, et les *friggitori* ne purent avoir leurs boutiques ornées comme de coutume, rien ne devant troubler le silence religieux d'un tel jour. Selon les rituels, une grande fonction religieuse en absorbe une de moindre importance: quand deux octaves se rencontrent, c'est la plus distinguée qui l'emporte, mais de telle façon néanmoins que l'on ne soit pas dispensé de fêter le saint dont l'octave a dû céder.

Saint-Pierre n'est illuminé qu'avec des lanternes de papier (*lanternoni*), qui produisent une lumière rouge et faible; à une heure précise le changement a lieu : trois coups de cloche semblent l'opérer; pendant qu'ils sonnent, le dôme et la croix qui le surmonte, la façade du portail, les balustres de la colonnade autour de la place, deviennent tout à coup étincelants des clartés les plus vives; à peine aperçoit-on encore les *lanternoni* entre les flammes blanches des gros lampions (1). Les étrangers sont très-avides de ce spectacle, qu'on ne voit qu'à Rome : comme toutes les fêtes importantes y durent deux jours, on peut à chacune d'elles admirer le même spectacle de loin et de près, la veille et le jour de la fête.

FEUX DE JOIE DEVANT UN PALAIS.

(Pl. XVII.)

Des tonneaux sans fond, exhaussés sur trois pieds de bois, sont remplis de fascines et d'étoupes grasses; on y met le feu et on les laisse brûler jusqu'à ce que tout soit consumé. Ces feux de joie, aux jours de fête, se font devant les palais des nobles du pays, et devant ceux où résident les ambassadeurs. C'est un usage ancien, en Italie, de garnir les fenêtres du premier étage d'un palais de chandeliers dorés dans lesquels brûlent des torches de cire blanche, et de dresser devant la porte d'entrée des piliers de bois peints, surmontés chacun d'une espèce de gros lampion, ou vase de fer, dans lequel brûlent des étoupes jetées dans la résine et dans la graisse. Les fenêtres des maisons sont seulement illuminées avec des lanternes de papier (2).

L'ANNONCIATION.

Le jour de l'Annonciation de la Vierge, on tire le canon au fort Saint-Ange; il y a fête à l'église dite la Minerve; le pape s'y rend ordinairement pour officier, et, après la messe, marier ou encloîtrer des vierges à qui il distribue des dots (3). Dans les rues qui conduisent à la Minerve, il

(1) Des hommes (*festaroli*), répandus en grand nombre sur le vaste édifice de Saint-Pierre, sont chargés d'opérer le changement d'illumination; armés d'une torche, ils agissent pendant les trois coups de cloche, allumant tous en même temps leurs lampions de droite à gauche; cette manœuvre produit à la vue l'effet singulier d'un tremblement qui semble s'opérer dans toute la masse de l'église.

On tire le canon et il y a illumination dans Rome le jour de l'anniversaire du couronnement du pape, excepté à Saint-Pierre, qui n'est illuminé que le jour de la fête du saint, et dans des circonstances extraordinaires. La *prise de possession* du pape régnant, Pie VII, a eu lieu le 21 mars de l'an 1800.

(2) Sur les *lanternoni* on voit quelquefois des peintures qui représentent, selon la circonstance, les armes du pape, celles d'une nation dont l'ambassadeur célèbre une époque, d'un saint en grand honneur, de la *Madonna*, etc. Ce sont autant de petits transparents qui ornent les fenêtres qu'on a illuminées.

(3) Ces vierges sont habillées de blanc, et enveloppées, comme des fantômes, dans un grand voile qui leur couvre la tête et ne leur laisse de découvert que les yeux. Elles reçoivent pour dot, celles qui choi-

y a une double haie de gardes nationaux, portant des fleurs ou des rameaux à leurs bonnets; les fenêtres des maisons sont parées de tapisseries jaunes ou rouges. On s'agenouille devant le pape, et sa Sainteté distribue des bénédictions tout le long de son chemin. Sa voiture a conservé la forme qu'elle avait du temps de Louis XIV; c'est une lourde machine ouverte presque de toutes parts, et surchargée de gros ornements dorés, contournés de mille manières ridicules (1).

LES RAMEAUX.

Le jour des Rameaux (*delle Palme*) le pape officie à la chapelle Sixtine, au Vatican. Lors de la procession, qui a lieu avant la messe, les pénitenciers, en chasuble violette, les généraux et procureurs-généraux d'ordres, dans leurs habits ordinaires de religieux, les prélats et les cardinaux suivis de leurs caudataires (les cardinaux portant la mitre de moire d'argent et la chasuble brodée en or), tous ayant en main une branche de palmier dont les feuilles sont nattées ensemble, précèdent le pontife, qui s'est placé sous un dais magnifique (2); de chaque côté de Sa Sainteté, on tient au bout d'un bâton une espèce d'éventail

sissent le mariage, un billet de cinquante écus, et un de cent écus celles qui lui préfèrent le couvent. Nous reparlerons de ces vierges lors des processions de la Fête-Dieu.

(1) Le cortège du pape est assez simple, parce que les cardinaux se rendent à l'église avant sa Sainteté. Quatre cavaliers ouvrent la marche; deux ou trois valets de chambre à cheval et six valets de pied les suivent à quelque distance; viennent ensuite deux chapelains précédant le porte-croix, qui est monté sur une mule blanche, et deux camériers de cape et d'épée, en habit long et manteau violet, marchent à cheval devant la voiture du pape. Le carrosse du Saint-Père est attelé de six chevaux blancs, les deux premiers à longs traits; le cocher et le postillon sont en manteau et en rabat; leur habit est de velours ciselé couleur de feu; ils ont la tête nue en toute saison, bien que le carrosse n'aille jamais que le pas. A côté de chaque cheval du carrosse est un valet vêtu comme le cocher; autour et près des portières marchent deux officiers de la chambre, l'écuyer et le majordome, en soutanes violettes à manches couleur de pourpre, avec des rochets violets, et les deux décans, c'est-à-dire, les deux plus anciens domestiques du pape. Le carrosse est escorté de deux haies de Suisses, à pied, la hallebarde sur l'épaule; ils ont des espèces de rabats en dentelle, et leurs vêtements sont faits de bandes d'étoffe jaune, rouge et bleue. Un *facchino*, ou porte-faix, tient un marche-pied de trois degrés qu'il doit placer à la portière du carrosse, quand le pape y monte ou quand il en descend. Le Saint-Père est vêtu de blanc; son camail pourpre est brodé d'or, et bordé d'hermine; l'étole brodée en or est pourpre ainsi que la calotte; son chapeau est rouge, et bordé d'un petit galon d'or; ses pantoufles, également rouges, sont brodées en or; c'est le costume ordinaire des papes quand ils vont dans la ville. Douze gardes-nobles, commandés par un officier, suivent la voiture de Sa Sainteté. Un autre carrosse à six chevaux, où sont les prélats de service dans l'antichambre du pape, vient ensuite; des valets de garde-robe et quelques cavaliers ferment le cortège, à moins qu'il n'y ait encore les carrosses de quelques prélats courtisans. Partout où passe le pape on sonne les cloches, on se met à genoux, les carrosses doivent s'arrêter et les personnes qui y sont, en descendre; aussi a-t-on grand soin d'éviter le cortège d'aussi loin qu'on l'aperçoit.

(2) Douze valets-de-chambre, vêtus d'une simarre rouge avec le capuchon bordé d'hermine, portent sur leurs épaules le brancard sur lequel le pape est assis dans un superbe fauteuil. Le Saint-Père, revêtu de la chape, a la mitre sur la tête; la palme qu'il tient est richement travaillée, et ornée d'une petite croix d'or. Huit gentilshommes ordinaires supportent, au moyen de huit bâtons, le riche dais qui couvre le brancard; ce dais est pliant à sa partie supérieure, qui se tend ou fléchit selon l'inégalité de la marche des porteurs.

couvert de velours rouge, et garni de grandes plumes blanches d'autruche. La procession fait seulement le tour de la grande salle, dite salle royale, et rentre dans la chapelle. Le corps diplomatique, la noblesse italienne, sont présents à cette cérémonie; les autres personnes de la ville et les étrangers que l'on y admet doivent avoir des billets d'entrée. Ce jour-là, devant les églises de Rome, la terre est jonchée de feuillage; au surplus, ainsi que nous l'avons déja dit, cet usage est observé dans toutes les fêtes de l'année.

PÉLERINS.

(Pl. XVIII.)

Les pélerins arrivent à Rome aux approches de la semaine Sainte (1). Ils sont reçus dans le vaste établissement de la Trinité des pélerins, où ils peuvent séjourner trois jours, pendant lesquels ils sont nourris et couchés; ceux qui viennent de par delà les mers et les monts ont droit à un jour de plus. Entre autres devoirs de dévotion, les pélerins sont obligés chaque jour à visiter les sept basiliques, et les lieux révérés où ils trouvent des statues, des peintures, des marbres à baiser, des escaliers à monter à genoux, etc. (2). Le vêtement des pélerins est ordinairement de toile commune; ils ont un mantelet, nommé pélerine, ou de même étoffe que la robe, ou de cuir, ou de toile cirée; des images,

(1) Les temps sont changés où Rome comptait jusqu'à 440,500 hommes, et 25,500 femmes, venus en pélerinage à une même époque: c'était lors du grand jubilé, l'an 1600; il en arriva, dit-on, 16 mille en un jour. L'an 1822, au lavement des pieds, le jeudi Saint, il n'y avait que 230 pélerins et 120 pélerines. (Nous remarquerons ici que les femmes sont toujours séparées des hommes.) Le lavement des pieds des pélerins (*la lavanda*) se fait dans une grande salle où, parmi le feuillage jeté sur le carreau, on a répandu des herbes odoriférantes; cette salle est entourée de bancs de pierre, sous lesquels sont placés deux robinets qui versent de l'eau froide et de l'eau chaude dans un baquet. C'est un cardinal qui lave et baise le pied du pélerin choisi pour commencer la cérémonie. Quand tous les pieds sont lavés, les pélerins se mettent à table; ce repas fini, le cardinal, qui leur a versé quelquefois à boire ou leur a coupé du pain, les exhorte à persévérer dans la dévotion dont ils sont animés, et, après la prière obligée, les pélerins vont se coucher deux par deux dans chaque lit.

Les pénitents de la confrérie de la Trinité des pélerins, qui par dévotion et à l'exemple des cardinaux font le lavement des pieds et servent à la table, sont vêtus d'une robe rougeâtre et portent une relique ou image sur la poitrine.

Autrefois, les pélerinages se faisaient souvent en forme de caravanes; les habitants d'un même pays, hommes, femmes et enfants, à pied, montés sur des ânes ou dans des charrettes, couvraient par troupes les routes d'Italie; les éclats de leur gaieté bruyante, leurs chants, leurs cris tumultueux, les annonçaient au loin; s'ils rencontraient quelques étrangers, ils s'armaient à la hâte de leurs chapelets, et récitaient les litanies de la Vierge.

(2) Les pélerins vont aussi à Lorette visiter la *santa Casa*, maison dans laquelle la Vierge est née, et où elle a été fiancée et mariée; ils font à genoux le tour du saint édifice, et, selon le plus ou moins d'exigence des vœux qu'ils adressent à la *madonna*, ils pleurent, se frappent la poitrine, ils couvrent de baisers la *santa Casa*. Le pavé sur lequel ils se traînent, s'étant prodigieusement usé par le frottement continu des genoux et des pieds, on fut obligé de le renouveler. Les bas-reliefs inférieurs des portes de la *santa Casa*, en bronze massif, sont restés usés et luisants sous les fréquents baisers des pélerins.

des coquilles, des reliques, des rubans, etc., ornent leur mantelet, et quelquefois ils en ont aussi à leur bourdon (grand bâton qu'ils tiennent à la main); plusieurs laissent croître leur barbe.

L'APPEL AU CATÉCHISME.

(Pl. XVIII.)

Parmi les enfants, ceux qui ont fait le plus de progrès dans la doctrine chrétienne, sont chargés de rassembler les autres enfants qui doivent se rendre à l'église pour recevoir la leçon de catéchisme. En faisant la tournée dans leur quartier respectif, ils tiennent, l'un une croix de bois noire, l'autre une sonnette qu'il agite à chaque instant en signe de rappel (1).

CONFRÉRIE ALLANT CHERCHER UN MORT A SON LOGIS.

(Pl. XIX.)

Ce sont des confréries de pénitents qui rendent les derniers honneurs aux morts. Lorsqu'une confrérie est appelée à remplir cette fonction, elle va d'abord à l'église chercher le clergé et le brancard (*cataletto*) réservé aux services funèbres (2); elle se rend ensuite au logis du défunt, précédée d'un homme (*condottiere*) dont les habits et le manteau sont d'une couleur en rapport avec celles de la confrérie à laquelle il appartient. Partout où passe cette procession, on se découvre et on s'incline devant la bannière et la croix, ce que font même les cochers sur leurs siéges, et les domestiques derrière les voitures.

LE MORT EST PORTÉ A L'ÉGLISE.

(Pl. XX.)

Au sortir de la maison du défunt, les pénitents, qui étaient allés chercher le corps dans la chambre où on l'avait exposé, le placent sur le brancard, qu'ils chargent ensuite sur leurs épaules. La confrérie, rangée en silence dans la rue, reçoit le signal du départ; elle se met en marche dans l'ordre suivant : le *condottiere*, la bannière de la confrérie, la confrérie, le clergé, le porte-croix (3), et le brancard escorté de six

(1) Celui qui tient la sonnette doit, à divers intervalles, répéter ces mots : *Padri e madri! mandate i vostri figliuoli alla dottrina cristiana; se non ci li manderete ne renderete conto a Dio.* (Pères et mères! envoyez vos enfants à la doctrine chrétienne, sans quoi vous en rendrez compte à Dieu.)

(2) Le brancard est presque toujours enrichi de dorures; de chaque côté, sur l'étoffe noire, souvent de velours, qui garnit le *cataletto*, sont attachées des têtes de mort argentées, et entre ces têtes est placé le symbole ou l'image qui décore la bannière de la confrérie.

(3) Pendant le Carême la croix est voilée.

pénitents ayant chacun à la main une torche de cire allumée (1); un porte-faix, chargé de la bière, termine le convoi (2). Aucun parent ne fait la conduite du mort (3). Les pénitents, à mesure qu'ils entrent dans l'église, lèvent leurs visières de toile, et paraissent alors à visage découvert.

LE MORT DANS L'ÉGLISE.

(Pl. XXI.)

Le *cataletto* est posé à terre dans l'église, de façon que le mort ait les pieds tournés vers l'autel; le contraire a lieu si le décédé est un prêtre. On distribue, à tous les membres de la confrérie, des petits cierges qu'ils allument et qu'ils tiennent à la main pendant qu'ils prient à genoux sur deux files, à droite et à gauche du mort, et le visage tourné vers le chœur; les six pénitents qui portent les torches restent debout autour du *cataletto*. Quand les prières sont achevées, la confrérie se retire; on ôte au mort son crucifix, quelquefois une partie de ses vêtements, et, après lui avoir mis un chapelet au bras, on l'enferme dans la bière, que l'on dépose dans un caveau ou dans une fosse commune sous le pavé de l'église; les pauvres sont enterrés sans cercueil.

SEMAINE SAINTE.

La Semaine Sainte a commencé le dimanche des Rameaux (4). Ce jour-là, ainsi que le Mercredi, le Jeudi, et le Vendredi Saints, on observe à Rome un cérémonial que l'on tâche de rendre digne de la capitale du

(1) Ces pénitents sont ordinairement accompagnés de pauvres gens qui cherchent à recevoir, dans des cornets de carton, les gouttes de cire fondue qui s'échappent de la torche; dans l'église, quand la confrérie est partie, ils ratissent avec empressement les dalles où il est tombé de la cire.

(2) Lorsque ceux qui portent le brancard sont fatigués, pour donner le temps de changer de porteurs, on arrête le convoi en prononçant *ave Maria;* le signal pour se remettre en marche est *Deo gratias*. Ces mots sont employés également dans toutes les processions, pour faire une pause et pour continuer la marche interrompue.

(3) Les parents du mort lui adressent leurs derniers adieux à la sortie du logement qu'il occupait. Pendant huit jours au moins, les parents et les intimes amis d'une personne morte s'abstiennent, par bienséance, de paraître dans les *conversations* (mot qui signifie *réunions*, *cercles*, *assemblées*).

Nous aurons d'autres occasions de parler de ce qui a rapport aux décès et aux enterrements; on peut déja consulter ce que nous en avons dit page 5.

(4) L'église prend le deuil le matin du dimanche des Rameaux; les autels, les croix, les images, sont recouverts de voiles violets; les célébrants ont des vêtements de même couleur: ce deuil se prolonge jusqu'au Samedi Saint. Le jour des Rameaux, à vingt-une heures et demie, le grand pénitencier est à son tribunal de pénitence à Saint-Jean-de-Latran. Assis sans chape, et coiffé du bonnet carré de cardinal, il tient une longue baguette dont il frappe légèrement sur la tête, d'abord les prélats, puis les assistants accourus pour gagner l'indulgence de cent jours attachée à cet acte d'humilité. Si personne ne se présente ensuite pour se confesser à son tribunal, il se retire en remerciant les prélats qui l'ont servi.

Le Mercredi Saint, le grand pénitencier se transporte à la même heure à Sainte-Marie-Majeure, pour y remplir les mêmes fonctions; le Jeudi Saint, il est à Saint-Pierre.

monde chrétien. La chapelle Sixtine, au Vatican, où le pape officie, accompagné du sacré collége, est surtout l'objet de la curiosité des étrangers ; on n'y est admis qu'avec des billets (1). Les Suisses du pape, dont le vêtement est, comme on l'a vu, chamarré de trois couleurs, sont alors revêtus du casque et de la cuirasse de fer poli ; armés de leurs hallebardes, ils font la garde dans l'intérieur du Vatican, aux chapelles où le saint-père doit se rendre (2).

(1) Les dames ont des places réservées. Autrefois elles ne voyaient, et n'étaient vues, qu'à travers des grillages que l'on a supprimés, en invitant les dames à se conduire avec décence et respect, ainsi qu'il est écrit sur leurs billets d'entrée.

(2) Nous allons décrire ici, le plus rapidement qu'il nous sera possible, les cérémonies de la Semaine Sainte. Le MERCREDI SAINT, dans l'après-midi, l'office des ténèbres a lieu dans toutes les églises. A la chapelle Sixtine, lorsque les cierges sont éteints et que les lamentations par nocturnes sont terminées, le saint-père dit tout bas le *pater noster*, et l'on entonne ensuite le célèbre *miserere* d'Allegri, à deux chœurs, sans le secours d'aucun instrument.

(Le Mercredi Saint, le pape porte la chape de drap d'or rouge, et la mitre d'argent ; les cardinaux sont en soutanes et en chapes violettes.)

Le JEUDI SAINT, quand le pape entre dans la chapelle Sixtine, il a la chape blanche et la mitre en moire d'or ; l'autel et la croix sont couverts de voiles blancs. Après la messe, et lors de la procession au Saint-Sépulchre, les cardinaux quittent leurs chapes violettes pour prendre les ornements sacrés et la mitre ; les patriarches, les archevêques, les évêques, et les abbés mitrés prennent les chapes blanches ; tous ont à la main un cierge et leur mitre, dans laquelle ils ont mis leur calotte rouge par respect pour le Saint Sacrement que le saint-père porte, à pied, la tête découverte, sous le dais que soutiennent huit évêques assistants. Dans la salle royale, où passe la procession, on a placé douze candelabres garnis de torches de cire. La chapelle Pauline, où le jour ne pénètre point alors, est illuminée par cinq cent soixante-sept torches et bougies qui, groupées sur le tombeau et à l'entour, forment comme une pyramide de feu, et produisent l'effet le plus imposant. Après avoir adoré le tombeau du Christ, le pape se fait porter jusqu'à la tribune placée au-dessus de l'entrée de l'église de Saint-Pierre, et de là bénit, par trois fois, *la Ville et l'Univers*, ainsi qu'il le fait le jour de Pâques. Autrefois, avant cette bénédiction, les papes lisaient la fameuse bulle d'excommunication *in cœna domini*, la déchiraient, et en jetaient les morceaux dans la place de Saint-Pierre, en laissant tomber en même temps un cierge qu'on venait d'éteindre. Cette cérémonie ne se pratique plus. (Pour la bénédiction, voyez *bénédiction du pape*, page 21.) De la loge de la bénédiction, le pape, précédé des cardinaux qui ont repris la chape violette, se rend à la chapelle Clémentine pour procéder au lavement des pieds des treize pélerins ou apôtres. (Si le pape, par une cause quelconque, ne peut remplir cette fonction, c'est le cardinal doyen qui le remplace.) La chape blanche et la mitre d'or que portait Sa Sainteté, sont remplacées par l'étole violette, la mitre d'argent, et le manteau ou chape de satin rouge, qu'elle ôte au moment de laver les pieds pour mettre un petit tablier de batiste plissé, garni de dentelles. Les apôtres, assis sur des bancs élevés, sont vêtus d'une soutane de laine blanche, avec un bonnet de même couleur, lequel descend par derrière, autour du col, jusqu'aux épaules ; ils présentent le pied droit au saint-père ; deux camériers secrets tiennent chacun à la main un bassin où sont, sur l'un treize essuie-mains, et sur l'autre autant de bouquets que l'on donne aux pélerins, avec des médailles d'or et d'argent contenues dans une bourse de velours cramoisi portée par le trésorier. (Voyez ce qui a été dit sur les pélerins, page 16.) Cette cérémonie terminée, on se rend à la salle du Vatican, dite du *lambris doré*, où le pape va bénir le repas préparé pour les *apôtres*. Les prélats servent à table, tandis qu'un chapelain secret de Sa Sainteté fait une lecture spirituelle. Outre ce qu'on leur a déja donné, les *apôtres* peuvent emporter ce qui reste de leur diner. Il se fait ensuite un repas des cardinaux dans une autre salle du Vatican ; le pape y assiste quelquefois, placé dans une tribune fermée par un grillage.

Telles sont, le *Jeudi Saint*, les cérémonies du matin ; le soir, on chante encore le *miserere*. Dans la chapelle Sixtine, pendant l'office des ténèbres, le trône du pape est dégarni et sans baldaquin ; les voiles de la croix et de l'autel sont noirs, les cierges sont de cire jaune. Dès que la nuit arrive, l'intérieur de la basilique de Saint-Pierre est éclairé par une grande croix en lames de cuivre, haute de trente pieds environ, brillante de six cent vingt-six lumières, et suspendue en l'air au-devant du grand autel. Ce jour-là, et le jour suivant, il n'y a pas d'eau dans les bénitiers des églises.

AMUSEMENT DU PEUPLE LE SAMEDI SAINT.

(Pl. XXII.)

Vers l'heure de midi, après l'office, un bruit soudain, et que l'on dirait général, se fait entendre dans les rues de Rome, comme si on se battait par la ville. Le long des maisons, les valets et les gens du peuple rangent des vases de terre, des cruches, des marmites hors d'état de servir, et que l'on réserve pour ce jour-là; sous la poterie renversée, ils placent des marrons de poudre qui la fait voler en éclats; à ces détonnations se joignent les cris de joie, et les coups de fusil tirés par les fenêtres; ce sont autant de marques de réjouissance pour la résurrection du sauveur (1).

FIDÈLES QUI ATTENDENT LA BÉNÉDICTION DU PAPE.

(Pl. XXIII.)

Le jour de Pâques (2), dans la matinée, la place de Saint-Pierre de

C'est le *Jeudi Saint* que le chapitre de Saint-Pierre procède au lavement du grand autel de cette basilique.

Le Vendredi Saint, dans la matinée, le pape, les cardinaux, les évêques et les prélats, adorent la croix à la chapelle Sixtine; le *miserere* est chanté le soir comme les jours précédents. Le pape, revêtu de ses habits ordinaires, suivi du sacré collége, et escorté des gardes-nobles et des Suisses, descend dans la basilique de Saint-Pierre pour y vénérer les reliques de la croix, de la lance, et du saint suaire (*santo volto*), que les chanoines exposent à la piété des fidèles, du haut d'une tribune pratiquée dans l'un des gros piliers du chœur. Le pape est à son prie-dieu, à l'extrémité de la grande nef, devant la croix illuminée, suspendue au-dessus de la *Confession de Saint-Pierre*, comme elle l'était la veille; alors toutes les autres lumières sont éteintes, même celles des cent lampes de la *Confession*, qui brûlent jour et nuit le reste de l'année; les troupes, qui forment la haie dans l'église, tiennent leurs armes renversées; derrière le pape, mais à quelque distance, les cardinaux sont agenouillés devant des bancs de bois. Lorsque le saint-père et le sacré collége ont quitté l'église, elle se change en un lieu de promenade où l'on circule en tous sens, surtout pour y admirer les divers effets de lumière produits par la grande croix illuminée. En général, on doit remarquer que pendant les cérémonies de la Semaine Sainte, dans les chapelles du Vatican, on manque trop au recueillement et à la décence que devraient inspirer les célébrations de l'époque et la présence du pontife suprême.

La nuit du *Vendredi Saint*, les boutiques de viandes salées et de porc frais, dont la vue annonce assez que le Carême va finir, sont plus éclairées que de coutume; la devanture et l'intérieur sont ornés de guirlandes de feuillages où s'entrelacent des rubans garnis de bandes de clinquant d'or, et la petite *madonna* porte la parure des grandes fêtes.

(1) Au bruit des explosions se mêle encore le son des cloches qui étaient restées silencieuses pendant trois jours, non-seulement les cloches des églises, mais aussi celles des maisons particulières qui sonnent l'heure des repas, et celles que portent au cou les ânes et les mulets. La messe du *Samedi Saint* est semblable à celle de Pâques. L'église a quitté le deuil; les cardinaux changent leurs chapes violettes contre des rouges; on bénit le cierge pascal; dans les rues, on rencontre des prêtres qui vont bénir les maisons et ce qu'elles contiennent, suivis d'un enfant de cœur qui porte le bénitier; à Saint-Jean-de-Latran, on fait la cérémonie du baptême des renégats juifs ou turcs, au baptistère de Constantin, après quoi on les confirme et ils vont entendre la messe; enfin tout annonce la veille d'une grande fête.

(2) A la pointe du jour on tire le canon. Le pape officie à Saint-Pierre, où il y a un grand concours de monde. A Pâques, tous les Romains doivent communier; les noms de ceux qui s'y refusent sont inscrits à la porte des églises et frappés de l'excommunication que le pape fulmine contre eux. Les Romains deviennent fort dévots à cette époque; les vices semblent se reposer un jour ou deux.

Rome présente une réunion de divers habitants des Etats romains. Dans les groupes qui se forment on rencontre tour-à-tour des abbés, des campagnards dont quelques-uns sont vêtus de peaux de mouton, des pélerins, des militaires, des moines, des étrangers de différentes nations, des ermites, des paysannes richement habillées, des hommes du peuple enveloppés de leurs manteaux, des personnes de la ville, des mendiants, etc., etc. Ce spectacle est digne de l'artiste et du voyageur qui observent; la diversité des caractères et des vêtements en rend l'effet des plus pittoresques.

BÉNÉDICTION DU PAPE.

(Pl. XXIV.)

Après la messe pontificale, le pape, porté sur sa chaise par douze palefreniers vêtus de rouge, placé sous un dais magnifique, entouré des cardinaux la mitre en tête, précédé des évêques et des prélats mitrés, escorté des Suisses et de ses gardes-nobles en grande tenue, se dirige vers la loge dite de la Bénédiction. Sur la place de Saint-Pierre sont rangées les troupes des États romains, cavalerie et infanterie; le peuple s'est porté en foule principalement devant le portail de la basilique. Le pontife paraît bientôt à la grande tribune du portail; il se lève, étend la main sur la foule prosternée, et l'artillerie du château Saint-Ange, le son des cloches, les fanfares militaires, annoncent la triple bénédiction donnée à la ville et à l'univers (*Urbi et Orbi*) (1).

Après les fêtes de Pâques et le mois d'avril, arrive le temps des premières parties de campagne de printemps (*villegiature di primavera*). Nous allons quitter Rome pour faire une excursion à Frascati, où des scènes vraiment italiennes nous attendent. Pour elles, nous laissons les cérémonies des Rogations, de l'Ascension et de la Pentecôte, qui n'ont d'ailleurs rien de remarquable que le cérémonial observé ces jours-là dans les églises (2).

ERMITAGE DES CAMALDULES, A FRASCATI.

(Pl. XXV.)

Cet ermitage est situé sur le sommet du mont au pied duquel est

(1) Les troupes rangées sur la place ont des rameaux de buis à leurs bonnets. En 1817 et en 1818, au moment de la bénédiction, les trompettes militaires sonnaient l'air de triomphe *La victoire est à nous*, de Grétry. Après la bénédiction, deux cardinaux diacres lisent, l'un en latin, l'autre en italien, l'indulgence plénière accordée aux fidèles assistants, et ils jettent l'écrit dans la place.

(2) Hors des murs de Rome, sur la route d'Albano, est une *madonna del divin' amore*, dont la fête a lieu dans les premiers jours de mai; elle attire un grand concours de monde. En se rendant à cette fête, on

bâtie la petite ville de Frascati, et où s'élevait autrefois l'antique ville de Tusculum. De la retraite des religieux Camaldules, qui domine les magnifiques jardins et les belles maisons de plaisance (*ville*) dont elle est entourée, la vue embrasse au loin les Apennins au front toujours brillant de neige, la Sabine et la ville de Tivoli, Rome et sa vaste plaine déserte, Monte-Cavi où campa Annibal vainqueur, et enfin la mer, qui s'étend à l'horizon. La demeure des Camaldules est l'asyle du silence. Une inscription, placée à l'entrée du chemin qui y conduit, en interdit l'approche aux femmes, sous peine d'excommunication. Les pauvres du pays vont y chercher la nourriture qui leur est distribuée chaque jour; cette coutume, vraiment digne d'une religion toute d'amour et de charité, est observée dans beaucoup de maisons religieuses de l'Italie.

DEMEURES DES CAMALDULES.

(Pl. XXV.)

Des maisonnettes isolées les unes des autres, mais rangées symétriquement, sont chacune l'habitation d'un Camaldule. Un petit jardin, enclos d'un mur, est joint à chaque demeure; aucun bruit ne décèle qu'elle est habitée.

CAMALDULES.

(Pl. XXVI.)

L'ordre des Camaldules a été fondé par saint Romuald, descendant des ducs de Ravenne. Ces religieux vivent dans une grande austérité et sortent rarement de leur retraite. Ceux que l'on rencontre à la ville (n° 1) sont des pères qui viennent solliciter quelques faveurs du pape, ou le prier de régler quelques nouvelles innovations aux statuts de leur ordre. Dans leur ermitage, ils ne portent plus le grand chapeau de feutre blanc (n° 2). Lorsqu'ils sont dans leur chapelle, ils paraissent pénétrés du respect religieux le plus profond (n° 3). Le supérieur et le frère concierge sont les seuls qui puissent, à tous les instants, faire usage de la parole, la permission n'en étant donnée aux frères qu'à certaines heures d'un jour de la semaine (1).

trouve la route couverte de voitures, surtout des voitures publiques nommées *caratelle*, qui sont alors remplies de gens du peuple, la plupart ayant au chapeau l'image de la *madonna* entourée de fleurs, de rubans et de clinquant.

(1) Notre intention n'est pas de donner une description des ordres religieux des États de l'Église; ce travail n'entre pas dans le plan de cet ouvrage. Mais nous avons cru devoir dire en passant quelque chose de la vie austère des Camaldules, afin de donner une idée de celle que l'on mène en plusieurs couvents, où la

OFFRANDE DE FLEURS.

(Pl. XXVII.)

Les *madonne* sur les routes et dans les bois sont rarement pourvues de ces *ex-voto* qui ornent celles des villes; mais une couronne de fleurs, un bouquet, attachés au grillage qui recouvre l'image vénérée, indiquent assez que des fidèles, en passant dans ces lieux, lui ont adressé leur modeste hommage.

LES LITANIES.

(Pl. XXVII.)

Dans les villes, au commencement de la nuit, on entend tout-à-coup des voix s'élever pour célébrer les louanges de Marie et implorer sa divine protection. Sous une *madonna*, qu'éclaire une lampe qu'ils entretiennent à frais communs, les gens d'un même voisinage, hommes, femmes et enfants, chantent les litanies de la Sainte-Vierge. Cet usage est observé fidèlement dans tous les États romains (1).

FÊTE EXTRAORDINAIRE (2).

Quelle que soit la dévotion des Italiens à toutes les fêtes religieuses de l'année, leur zèle et leur ferveur semblent éclater davantage lors-

discipline est très-sévère; et nous avons indiqué leur manière de se vêtir, parce qu'il nous a semblé qu'elle pouvait être offerte comme un choix des habillements les plus beaux et les plus pittoresques qui soient parmi les moines de l'Italie.

(1) Nous avons déja dit que la *madonna* était particulièrement vénérée des Italiens. Voyez page 3.

(2) Nous allons donner ici une description très-exacte de ce qui s'est passé à Frascati, en 1817, lors de la fête d'une *madonna*, qui n'était montrée au peuple que tous les cent ans; l'institution de cette fête datait déja de deux siècles.

Le premier des jours consacrés aux cérémonies et aux divertissements fut le lundi de la Pentecôte; dès le matin, on tira des boîtes d'artifice, et la musique militaire exécuta diverses symphonies sur la place principale de la ville. Dans l'église où la *madonna* était exposée, il y eut une grande messe en musique et un sermon, auxquels assista le premier magistrat du lieu. Ce sermon se composait du récit historique des aventures de la sainte image. Le prédicateur y racontait comment elle apparut, pour la première fois, à un certain frère Joseph de Calasanzio; comment ce saint religieux étant venu à Frascati, en fit présent à la ville, après s'être reposé à l'endroit où depuis l'église a été construite; comment enfin l'image si précieuse est douée du don des miracles. L'office terminé, il y eut hors de la ville une course de chevaux barbes libres, semblable à celles qui se font à Rome pendant le carnaval, et le cheval vainqueur fut promené dans Frascati au son du fifre et du tambour. Dans l'après-midi, un ballon fut enlevé, et une seconde course de chevaux eut lieu à vingt-trois heures. Pendant que ces divertissements étaient offerts au peuple, des scènes attendrissantes se passaient dans l'intérieur de l'église de Saint-Joseph. Parmi les malades et les infirmes qui imploraient les faveurs de la *madonna*, une jeune fille de douze ans, aveugle, était agenouillée avec sa mère sur les marches de l'autel; sorties des groupes de suppliants, toutes deux se trouvaient ainsi placées plus près de la sainte image. Pour obtenir la guérison miraculeuse, l'enfant unissait sa faible voix à la voix déja fatiguée de sa mère, et toute l'église retentissait ensuite des exclamations mille fois répétées de *grâce! Marie, grâce! frère Joseph, aide-nous! grâce! grâce!* Le miracle ne se faisait pas: tout le monde pleurait.

qu'ils peuvent invoquer les grâces d'une *madonna* ou d'un saint qui ne se fête qu'à des époques très-reculées. Les habitants des autres pays se rendent en pélerinage au lieu qui possède l'image miraculeuse ou la précieuse relique que l'on doit exposer aux regards des fidèles. Les affligés et les infirmes, qui démandent guérison et salut, augmentent encore le nombre des assistants. C'est en ces occasions que l'on peut prendre une plus juste idée de la croyance des peuples de l'Italie.

BALLON DE FÊTE RELIGIEUSE.

(PL. XXVIII.)

Parmi les divertissements offerts au peuple des campagnes, le jour

Les prières, les invocations, les gémissements, les baisers sur la terre, les coups sur la poitrine, les cris, tout était employé pour émouvoir la *madonna*. « Cruelle ! disait la mère de l'aveugle en s'adressant à la Sainte-Vierge, cruelle ! pourquoi me refuser une grâce, toi qui en as obtenu de Dieu ? » Puis, exténuée de fatigue et respirant à peine, elle tombait dans un abattement qui la faisait paraître comme stupide. Il y eut alors un moment de silence. Tout-à-coup de douces voix de femmes et d'enfants entonnent des cantiques, et les voix des hommes y répondent, mais on reconnaît dans ces chants l'accent de la douleur. Comme les cantiques finissaient, un cierge mal assuré sur son chandelier s'inclina vers la jeune fille ; on crie au miracle ! Vainement le sacristain a voulu réparer cet incident, le cierge penche une seconde fois et la joie remplit tous les cœurs. Des femmes, empressées de vérifier le miracle, s'élancent hors de la foule et s'emparent de l'aveugle ; leurs regards avides sont dirigés sur ses yeux toujours fermés ; une d'elles, animée de la foi la plus vive, veut soulever la paupière indocile, tandis que la malheureuse mère, qui la première a reconnu l'erreur, tombe renversée et presque mourante sur les marches de l'autel. Lorsque l'heure de fermer l'église fut venue, la mère, ayant retrouvé quelques forces, prit sa fille dans ses bras et traversa la foule en chancelant, tandis que tous se penchaient sur son passage pour s'assurer par eux-mêmes si la grâce avait opéré. Le lendemain, la même scène recommença.

Pendant le jour, on apportait à l'église de Saint-Joseph du linge, des chapelets, des portraits de la Sainte-Vierge, des voiles ou ajustements de tête, etc., pour les faire toucher à la *madonna*. Le soir, il y avait illumination dans la ville ; sur la place de Saint-Pierre, on faisait partir des ballons de nuit au son de la musique militaire, et l'on tirait de petits feux d'artifice (*fochetti*). Enfin, le dernier jour des fêtes étant arrivé, les confréries de Frascati sortirent processionnellement de l'église de Saint-Pierre pour aller chercher, à celle de Saint-Joseph, l'image de la *madonna*, qui devait être promenée dans les rues de la ville. Les pénitents marchaient têtes nues et visages découverts, précédés de leurs enseignes déployées, et portant les croix et les grandes bannières des cérémonies ; la musique militaire les accompagnait. La grande procession s'étant formée, le clergé marcha à la suite des confréries, et en dernier lieu on vit paraître la célèbre *madonna*, placée entre les mains d'une figure de cire habillée de noir comme l'était le frère Joseph, et entourée d'un grand nombre de bougies fichées sur de gros ornements de bois doré, le tout porté péniblement par quinze ou vingt hommes. Cette procession, annoncée par le son des cloches et de fortes détonations de boîtes d'artifice, fit le plus grand tour possible dans la petite ville de Frascati. Partout où elle passait, on se tenait religieusement prosterné, et ceux qui espéraient des miracles paraissaient à chaque détour de rue, ou s'y faisaient transporter, pour être plusieurs fois et plus long-temps en vue du frère Joseph. Parmi ces infortunés on remarquait la pauvre petite aveugle et sa mère ; elles marchaient pieds nus, elles se meurtrissaient la poitrine pour mortifier leurs corps et se rendre dignes de la grâce. Près de là, intercédait aussi un petit boiteux, qui de temps en temps essayait les forces de sa jambe toujours malade et faible, et un vieillard qui, pour rendre ses prières plus énergiques, s'étendait sur la terre devant le passage de la *madonna*. Une femme éprouva quelques convulsions nerveuses ; on n'osa point la secourir, on crut qu'elle était possédée du démon. La rentrée de la procession dans l'église occasionna une autre scène douloureuse ; mais la nuit vint, l'église se ferma, et les fidèles regagnèrent leurs demeures en emportant encore un reste d'espérance. Le lendemain, quelques béquilles, quelques *ex-voto*, furent appendus à la chapelle de Marie, en signe de reconnaissance des grâces qu'elle avait envoyées à plusieurs pendant la nuit.

d'une grande fête, il y en a qui ont un caractère particulier et que l'on ne trouve pas ordinairement aux fêtes d'une grande ville; tels sont, par exemple, ces grands ballons de papier que l'on enlève, et sur lesquels on a représenté diverses actions de la vie du saint ou de la sainte dont on honore la mémoire; chaque peinture a son inscription qui en explique le sujet.

EXPOSITION DE LA *MADONNA* DANS L'ÉGLISE.

(Pl. XXIX.)

Avant d'exposer la sainte image sur l'autel, on pare l'église de ce que l'on peut rassembler de plus riche et de plus brillant; le velours, la soie, la mousseline, l'or et l'argent, s'y déploient sous mille formes diverses; tous les murs en sont recouverts. Quand l'architecture est habillée, ou plutôt déguisée de la sorte, on place l'image vénérée sur l'espèce de trône qui l'attend, on l'entoure d'un nombre infini de lumières, et les fidèles viennent l'implorer. Ceux qui en espèrent des grâces sont assidus à venir prier tout le temps que dure l'exposition, bien que le moment de la procession, qui doit se faire le dernier jour des fêtes, soit surtout celui où la foi attend les miracles.

RETOUR DE LA PROCESSION.

(Pl. XXX.)

La ferveur des suppliants augmente à mesure que la procession approche de l'église où elle doit rentrer. Quand la sainte image passe sous la porte du temple et qu'elle va disparaître aux regards de la foule, un grand cri prolongé se fait entendre de toutes parts; on redemande, on veut revoir l'image. Alors on la fait reparaître, et les assistants l'accueillent avec les vives démonstrations de joie, auxquelles succèdent aussitôt les demandes de miracles: *Madonna mia, fa il miracolo! grazia, Maria, grazia! madonna santa! fa il miracolo!*

GRANDE PROCESSION DU *CORPUS DOMINI*.

(Pl. XXXI.)

La Fête-Dieu est célébrée à Rome avec toute la pompe imaginable. La grande procession du Saint-Sacrement ou du *Corpus Domini*, à laquelle assistent le pape et le sacré collége, attire au Vatican une foule immense de fidèles et de curieux; c'est la plus belle des processions de l'église romaine (1).

(1) Voici quelques particularités des cérémonies de la Fête-Dieu. Après que le pape a dit la messe, pen-

PROCESSIONS DU *CORPUS DOMINI.*

(Pl. XXXII.)

Pendant tout l'octave de la Fête-Dieu, il se fait chaque jour des processions dans les divers quartiers de Rome, les paroisses sortant successivement selon leur rang de prééminence. On n'y voit plus les ordres religieux; les confréries les remplacent. Elles marchent à visage découvert, portant leurs plus belles bannières et de riches lanternes au bout de longs bâtons, et sont suivies de vierges couronnées, semblables à celles du jour de l'Annonciation (voyez page 14), ainsi que de petits enfants vêtus en prêtres, ou portant des ailes au dos pour figurer des anges; celui qui a mérité le titre d'*empereur* aux leçons du catéchisme est le seul qui ait conservé le vêtement ordinaire; il n'est distingué que par la médaille qu'il porte suspendue à un ruban passé autour du cou (1). Partout où

dant laquelle il consacre l'hostie, la procession commence à défiler (vers les 9 heures du matin). On voit passer d'abord tous les ordres séculiers et religieux; ils marchent sur deux files en chantant des litanies. Ces ordres, qui sont très-nombreux, composent une grande partie de la procession. Viennent ensuite les chapitres des basiliques, accompagnés de leurs chœurs de musique et de leurs pavillons, qui sont de grosses et lourdes ombrelles; (le chapitre de Saint-Pierre marche l'avant-dernier, entre celui de Sainte-Marie-Majeure et celui de Saint-Jean-de-Latran). Après les chapitres arrivent tous les officiers de la chancellerie, la maison du pape et la prélature, suivis des douze pénitenciers de Saint-Pierre, revêtus de chasubles et précédés de deux clercs qui portent de longues baguettes argentées. A la suite des pénitenciers paraissent les évêques, les archevêques, les patriarches, la tête découverte et la mitre blanche à la main; les cardinaux, marchant également sur deux files, chacun entouré de ses officiers de service, parmi lesquels est un maître de chambre tenant une ombrelle de plumes de paon recouverte de tafetas rouge. Après les cardinaux, vient le capitaine des Suisses suivi de ses gardes portant la hallebarde et revêtus de l'armure de fer poli; ils escortent les capitaines des gardes du pape, les princes du trône, les neveux du pape, les ambassadeurs des têtes couronnées, et enfin le pape lui-même, porté sur une machine où il semble être à genoux quoiqu'il soit assis. Des prélats de divers rangs suivent le Saint-Père, et la procession est terminée par des compagnies de gardes-nobles, à cheval, et en grand uniforme. Tant de monde (plus de 3,000 personnes, sans compter le pape et les cardinaux), et surtout la lenteur que cette procession met à défiler, sont cause qu'elle dure plus de trois heures, bien qu'elle n'ait à marcher que sur une étendue de mille pas géométriques tout au plus. Pendant ce temps, le château Saint-Ange fait trois salves d'artillerie: la première, sitôt que le pape a pris entre ses mains le Saint-Sacrement; la seconde, quand il est sorti du portique de la place du palais apostolique; la troisième, quand il est sur la place Saint-Jacques, entre les deux moitiés de la colonnade de Saint-Pierre. Cette colonnade, sous laquelle passe la procession, est décorée de guirlandes de feuillages, et, à quelques endroits où le soleil donne trop fortement, on tend des tapisseries faites, la plupart, d'après les cartons et les fresques de Raphaël.

La Fête-Dieu a été instituée par le pape Urbain IV, en l'an 1261 ou 1263, sur la révélation d'une religieuse de Liége. Saint-Thomas d'Aquin régla l'office du Saint-Sacrement. Cent ans après, à Pavie, d'autres disent à Turin, on commença à porter le Saint-Sacrement dans les processions de la Fête-Dieu.

(1) A ces processions, excepté le curé qui porte le Saint-Sacrement, et le diacre et le sous-diacre qui l'accompagnent, tout le clergé est sans chappe; il est revêtu seulement du surplis court et plissé, comme quelques planches de cet ouvrage le représentent; on voit qu'il ne ressemble pas au surplis des prêtres de France. Il en est de même à la grande procession du jour même de la Fête-Dieu, où le pape, les cardinaux et les principaux prélats sont les seuls qui portent la chappe. Quant aux deux religieux représentés dans la planche XXXII, ils font partie de la grande procession; et, ainsi que tous ceux qui la composent, ils tiennent à la main une torche de cire blanche.

passent les processions, les fenêtres sont ornées de draperies rouges ou jaunes. Quant aux reposoirs que l'on construit en ces occasions, ils ne sont pas, en général, aussi riches que certains reposoirs de Paris.

L'*INFIORATA*.

(Pl. XXXIII.)

Le jour de l'octave de la Fête-Dieu, tandis que dans Rome une grande procession se fait de nouveau sous la colonnade de Saint-Pierre, à *Gennesano*, petite ville au bord du lac de Némi, une procession solennelle s'avance sur des tapis de fleurs artistement préparés et composés principalement de dessins d'armoiries. De chaque côté des rues, s'élèvent des piquets entourés de feuillages et auxquels sont suspendues des guirlandes de fleurs. Ce spectacle offre un coup-d'œil des plus gracieux, et c'est ce qui a fait donner à cette fête le surnom d'*Infiorata* ou la *Fleurie*. Elle attire ordinairement beaucoup de monde à Gennesano (1).

JEU DE BALLON.

(Pl. XXXIV.)

Chaque après-midi de l'été, aux deux dernières heures du jour, des joueurs de profession donnent le spectacle du jeu de ballon à la romaine ou à la bolognèse, dans un emplacement disposé à cet effet, et situé près des Quatre-Fontaines, sur le mont Quirinal. Certaines parties, annoncées sous le nom de *défis*, sont ordinairement très-suivies; on y fait des paris assez considérables (2).

FÊTE DE SAINT-PIERRE.

(Pl. XXXV.)

La veille de cette fête, il y a illumination dans la ville, ainsi qu'à la coupole de la basilique vaticane, et feu d'artifice au château Saint-Ange.

(1) A la procession de *Gennesano*, de fortes détonnations de boîtes d'artifice annoncent tour-à-tour : que le Saint-Sacrement sort de l'église, qu'il passe de l'une à l'autre grande rue de la ville, et qu'il arrive au reposoir construit sur un lieu élevé.

(2) Le trait suivant pourrait peut-être servir à peindre le caractère italien. En juillet 1817, un joueur de ballon Vénitien, nommé *Massimo*, ayant, par des prodiges de force et d'adresse, vaincu son antagoniste nommé *Chiusarelli*, les spectateurs, remplis d'enthousiasme, s'élancèrent de toutes parts dans l'arène, enlevèrent le Vénitien sur leurs épaules, et, au milieu des acclamations, le portèrent ainsi en triomphe jusque dans la rue devant l'entrée du jeu. Le lendemain on distribua des sonnets à la louange du vainqueur, dans lesquels la poésie italienne avait, selon son exagération coutumière, élevé la gloire de son héros au-dessus de toutes les gloires connues, ajoutant que, puisqu'il avait envoyé un nouveau globe dans le sein d'Uranie, il était, par cela même, véritablement *massimo*, c'est-à-dire *très-grand*.

L'ardeur, la force et l'adresse dont les joueurs de ballon font preuve, rendent ce spectacle intéressant. Les

Le matin du jour de la fête, on tire le canon au fort Saint-Ange. Il y a chapelle papale dans l'église de Saint-Pierre, où sa statue de bronze, qui, dit-on, était autrefois une statue de Jupiter, est recouverte d'une grande chappe d'étoffe d'or et de soie rouge; elle a sur la tête la tiare enrichie de pierreries; au-dessus est un dais magnifique, tandis que de, chaque côté, des flammes s'échappent de deux grands candélabres d'or. En cet état, la statue de bronze reçoit les hommages des fidèles, qui baisent son pied demi-usé, et le touchent ensuite de leurs fronts; ce qu'ils font également le reste de l'année, mais avec moins d'empressement que ce jour-là. On visite ensuite les caveaux et les chapelles souterraines de la basilique, qui ne sont ouverts au public qu'à cette époque. Le soir, même illumination que la veille (1).

LA *GIRANDOLA*.

(Pl. XXXVI.)

Le changement d'illumination de la coupole de Saint-Pierre ayant lieu à une heure de nuit (voyez page 13), le feu d'artifice du château Saint-Ange part à deux heures précises; il commence et il se termine par ce que l'on nomme le *bouquet* à Paris, et la *giranda* ou *girandola* à Rome. Cette forte gerbe de baguettes et de fusées s'échappe du lieu le plus élevé du château, et laisse apercevoir la statue colossale de l'ange de bronze, qui semble vouloir s'élancer avec la gerbe enflammée, ce qui produit un très-bel effet. L'intervalle entre le départ des deux *girandole* est rempli par diverses pièces d'artifice qui entourent la vaste muraille ronde du fort Saint-Ange, et dont le bruit est soutenu par des détonnations de boîtes et de vigoureuses décharges d'artillerie. Cette combinaison de bruits terribles, et les masses de feu réfléchies dans les eaux du Tibre, ajoutent encore à l'effet de la *girandola*. Le même soir, un feu d'artifice se tire également sur la place Farnèse, devant le palais de l'ambassadeur de Naples.

attitudes du joueur au tremplin, quant il sert le ballon, exigent surtout autant de précision que de vigueur. (Figures 1 et 2.)

(1) Quelques fêtes sont observées avant celle de Saint-Pierre; nous en dirons un mot seulement. Le dimanche qui suit le jour de Saint-Antoine de Padoue, il y a grande procession aux Saints-Apôtres. La figure du saint, en cire, vêtue en capucin, et portant l'enfant Jésus dans ses bras, est placée au milieu d'une énorme machine dorée, garnie de plus de trente bougies allumées, sous laquelle marchent péniblement les seize porteurs qui la soutiennent. Sur le passage du saint, on a tapissé toutes les fenêtres.

Le 21 de juin, il y a fête en l'église de Saint-Ignace; elle est richement décorée et illuminée; un grand orchestre accompagne les chants religieux.

Le jour de la Saint-Jean, on tire le canon au château Saint-Ange. A Saint-Jean-de-Latran, il y a chapelle papale et grande messe, à laquelle assistent les cardinaux. Sur la place de Saint-Jean s'établit une foire à l'ail; le peuple superstitieux ne manque pas d'y aller faire sa provision.

MANIÈRE DE BATTRE LES GRAINS.

(Pl. XXXVII.)

On fait la récolte des grains vers le milieu de juin, et on les bat à la fin du même mois. L'usage du fléau n'est pas établi en Italie; ce sont les pieds des chevaux qui foulent les gerbes, et séparent ainsi les grains des épis. Les riches propriétaires font souvent servir à ce travail les chevaux de leurs carrosses.

LE LABOURAGE.

(Pl. XXXVIII.)

On se sert de bœufs pour labourer la terre; et, selon qu'elle est plus ou moins dure, on met deux, quatre, et jusqu'à huit bœufs à une seule charrue (1).

BRIGANDS.

(Pl. XXXIX.)

Les brigands d'Italie ont trouvé un moyen d'avoir de l'argent sans répandre le sang de leurs victimes : ils font connaître aux familles des personnes qu'ils ont enlevées le sort qu'ils leur réservent, et demandent la rançon, plus ou moins considérable, qui doit seule leur racheter la vie et la liberté. Si à l'époque précisée par eux, l'argent n'est pas apporté au lieu convenu, leurs captifs sont impitoyablement mis à mort. Cette tactique, qui réussit presque toujours, devient une sauvegarde pour les brigands, parce qu'on craindrait tout de leur cruauté, s'ils étaient poursuivis lorsqu'ils ont en leur pouvoir des personnes de considération. Ces misérables sont ordinairement connus; ils possèdent presque tous une maison, un champ, des troupeaux, qu'ils laissent sous la surveillance d'une épouse légitime, tandis qu'ils se livrent au brigandage auquel semble les appeler une vocation bien déterminée (2).

(1) Comme aux temps antiques, la charrue d'Italie est sans roues. Si le conducteur veut lui faire entamer plus de terrain, il monte sur le socle et y ajoute ainsi tout le poids de son corps. Sa main est armée d'un long bâton ferré dont il pique les bœufs, en les excitant en outre avec de grands cris.

Au second plan de ce dessin, et sur le bord d'une route, se trouve un poteau auquel on a suspendu des bras et des jambes coupés, dont les corbeaux font leur pâture. On rencontre fréquemment ce hideux spectacle en Italie, surtout aux endroits éloignés de tout secours. Là, des assassins ont commis un crime, et leurs bras et leurs jambes y sont apportés après l'exécution de leur supplice.

(2) Les brigands poussent quelquefois l'audace jusqu'à demander à traiter avec le gouvernement, qui n'a souvent que ce moyen d'empêcher de plus grands désordres; alors, forts de la parole du Saint-Père, ils se rendent conditionnellement en prison, y vivent un temps déterminé, jouant, fumant, buvant auprès de leurs femmes qui les visitent, se confessant et communiant chaque semaine; après quoi, plus tard, ils doivent être rendus à la liberté pour vivre tranquillement, s'ils le peuvent, le reste de leurs jours. Ainsi, ces infâmes scélérats ne sont condamnés à mort que lorsqu'ils sont pris sans être sous la garantie d'un traité avec le gouvernement.

GALÉRIENS.

(Pl. XL.)

Une partie des malfaiteurs condamnés aux travaux forcés reste à Rome; ces galériens sont employés ordinairement à fouiller la terre autour des ruines d'anciens monuments qu'ils découvrent jusqu'au sol antique (n° 1). Quand ils traversent la ville pour se rendre aux fouilles, ou pour retourner à leur prison, le bruit de leurs chaînes retentit sur leur passage; ils sont escortés par des soldats de ligne, qui restent également près d'eux pendant le temps de leur travail (n° 2).

LE CONDAMNÉ A MORT (1).

(Pl. XLI.)

Les exécutions des condamnés à mort se font ordinairement sur les neuf

(1) Dès qu'une sentence de mort est prononcée, un confesseur et des pénitents de la Miséricorde se rendent auprès du condamné dans sa prison; là ils s'en emparent, l'embrassent, le pressent, l'exhortent, et, sans lui donner le temps de se reconnaître, ils le conduisent devant un grand christ représenté tendant les bras au coupable, et que l'on fait descendre de la voûte. Il est minuit alors; dès ce moment, le confesseur ne quitte plus le condamné. Le lendemain matin, l'église de Sainte-Marie-des-Agonisants, près de la place Navone, fait accrocher au coin de la rue un tableau sur lequel on lit ces mots: *Indulgence plénière à tous les fidèles qui, confessés et communiés, iront visiter le Saint-Sacrement exposé dans l'église des Agonisants, pour qui est condamné à mort. Le pape Clément XIII a, par un décret, privilégié lesdits autels.* Et sur une bande de papier ajoutée au tableau on lit: *A un tel on coupera la tête pour homicide déraisonnable* (*irragionevole*). On sait, seulement en voyant cette annonce, qu'une exécution aura lieu le lendemain. Lorsque le condamné est arrivé sur la place où il doit mourir (place du Peuple ou place du Pont-Saint-Ange), il est introduit dans une petite chapelle tendue en noir, afin d'y faire sa dernière confession et sa dernière prière. S'il s'y refuse, son supplice est retardé jusqu'au soir, encore faut-il dans ce cas un ordre exprès du Saint-Père. Au sortir de cette sombre chapelle, le condamné a les yeux bandés; sa chemise, dont on a coupé le col, laisse les épaules à découvert, il a les jambes et les pieds nus. Devant lui on porte le crucifix noir, tandis que le confesseur, qui se tient à son côté, récite des prières à haute voix. Au pied de l'échafaud, le bourreau et son valet s'emparent du patient et l'aident à monter l'échelle; ils le font ensuite mettre à genoux, lui attachent les mains derrière le dos avec une sangle qui ceint tout son corps, lui ôtent le bandeau qui couvrait ses yeux, et, de gré ou de force, le malheureux, toujours agenouillé, passe la tête par le trou fatal. En ce moment, un affreux silence règne parmi la foule; le confesseur, placé contre l'instrument de mort, fait seul entendre sa voix expressive, il s'écrie: *Dio mio, fate misericordia!* et quelques secondes après le bourreau montre une tête au peuple.

Les troupes qui, rangées sous les armes, formaient le bataillon carré autour de l'échafaud, en laissent approcher ceux qui veulent se rassasier du dégoûtant spectacle qu'offrent cette tête et ce corps inanimés. Alors, et pour la première fois, on crie dans les rues l'imprimé contenant la relation du jugement, dont on ne donne jamais connaissance avant le supplice; encore cette relation très-incomplète n'est-elle qu'une courte analyse des principaux faits. Avant de terminer cette description, qui nous répugnait à tracer, mais qui devait être comprise dans notre tâche, nous ajouterons que le supplice de la guillotine, introduit en Italie par le gouvernement français, a remplacé celui de la potence et un autre supplice des plus horribles, qui consistait à assommer (*amazzare*), puis à égorger le patient. Il existait aussi un autre genre de supplice que les Français ont également supprimé: c'était celui de la corde. Les bras attachés derrière le dos, le supplicié était enlevé par les mains à la hauteur d'un second ou d'un troisième étage; on le laissait descendre rapidement jusqu'à quelques pieds du sol, et, par la violente secousse qu'il éprouvait, ses bras disloqués étaient relevés par derrière. Après deux ou trois secousses pareilles, on abandonnait le malheureux à un médecin, qui entreprenait de le guérir, s'il y avait possibilité. (Voyez, pour d'autres supplices, ce que nous avons dit du *Cavaletto* et du *Somaro*, pages 6 et 7.)

heures du matin. Quand le cortége lugubre qui accompagne le condamné sort des prisons neuves, il marche dans l'ordre suivant : des pénitents de la confrérie des Agonisants et de Jésus et Marie, quêtant pour le repos de l'âme du criminel; quatre gendarmes à cheval; un valet de bourreau portant le nerf de bœuf pour le supplice du *cavaletto;* la confrérie de la Miséricorde, vêtue de noir, précédée d'un pénitent de l'ordre, qui porte un crucifix de bronze recouvert d'un voile de deuil; la voiture où est le condamné, et deux confesseurs qui le pressent dans leurs bras en lui montrant l'image coloriée du Sauveur, qu'ils lui font baiser à chaque instant; enfin le bourreau suivi de quatre gendarmes à cheval; quelques soldats de ligne accompagnent ce cortége (n° 1). Après l'exécution, les restes du supplicié sont remis à la même confrérie de la Miséricorde, qui les porte à son église de Saint-Jean décollé, où elle leur rend les derniers devoirs (n° 2). On dit que cette confrérie jouit, à certaines époques, du privilége de délivrer un condamné à son choix.

PROCESSION DE SAINTE-ANNE (1).

(Pl. XLII.)

Le 25 de juillet, la confrérie de Sainte-Anne-des-Palefreniers va processionnellement de l'église de Sainte-Marie *in Campitelli* à son église, située dans le Bourg-Neuf. Quand l'image passe sur le pont Saint-Ange, elle est saluée par l'artillerie du fort; sur son chemin, les fenêtres sont décorées de draperies (2).

(1) Dans le mois qui précède, au 21 de juin, l'église de Saint-Ignace célèbre à grands frais la féte de saint Louis de Gonzague. L'office du soir y attire beaucoup de monde; on y entend les voix des castrats les plus en réputation : un grand orchestre les accompagne. L'église, richement décorée, est resplendissante de lumières. Quelques Romains illuminent leurs maisons. (Voyez la description des Illuminations, page 14, note 2.)

(2) On pourra se faire une idée de ce qui compose, en général, les processions de l'Italie, en lisant la description suivante, de la procession de Sainte-Anne à Rome. Quelques grenadiers de la ligne et deux tambours ouvrent la marche; ils sont suivis des enseignes ou *bandières*, parmi lesquelles est celle de la confrérie des Palefreniers; de trois porte-lanternes, *lanternoni;* et d'un grand nombre de valets de cardinaux et de nobles romains en grande livrée. Deux autres tambours précèdent la grande bannière de la confrérie, *lo standardo*. Ceux qui portent cette bannière ou qui tiennent les rubans, *le ventole*, achètent cet honneur quinze *paoli* chacun (près de huit francs). Les pénitents de la confrérie de Sainte-Anne suivent la bannière, ayant alors le visage découvert; un d'eux porte une énorme croix peinte, travaillée comme si elle était faite d'un tronc d'arbre, et que pour cette raison on appelle *il tronco*. Ce pénitent, qui a payé vingt *paoli* le droit de se fatiguer sous un fardeau si pesant, met quelquefois sa gloire à faire un tour de force dans l'église, au moment de la bénédiction : il s'agenouille en plaçant cette grosse croix sur ses dents, et se relève en conservant toujours son fardeau en équilibre sur sa mâchoire, non sans effrayer les dévots prosternés qui l'environnent. A la suite des pénitents, vient un des leurs qui porte un riche crucifix colorié, et recouvert comme par un toit avec une bande d'étoffe ornée de clinquant. Un tambour et la musique militaire suivent la confrérie et précèdent les vierges, *ammantate*, ainsi que les enfants vêtus en prêtres, *pupazzi votati*, dont nous avons déja parlé page 26. Ils sont suivis de quatre massiers de la confrérie, *mazzieri*, et de l'ordonnateur de la marche, *porta mazzetta*, *regolatore della processione*. Ce dernier marche devant un chœur de chanteurs accompagné de sa musique, après laquelle vient une relique de la sainte, portée par un curé, un

PROMENADE.

(Pl. XLIII.)

A Rome, les promenades sont peu fréquentées les jours ordinaires de la semaine, mais elles le deviennent les dimanches et les jours de fête. A l'heure de midi, on se promène dans la rue du Cours, et plus tard, un peu avant le coucher du soleil, on se porte principalement sur le *Monte Pincio,* devant le palais de l'académie de France. De cet endroit, Rome, que l'on domine, présente un aspect des plus pittoresques. Toutefois, malgré les carrosses et les piétons en assez grand nombre qui se rendent à cette promenade, surtout quand le temps est beau, on ne peut la comparer à celles de Paris, mais seulement à celles des petites villes de province. Quand la fin du jour approche, le monde se retire tout-à-coup, et si une ou deux personnes attardées se trouvent encore sur cette promenade lorsque les cloches des églises sonnent l'*Ave-Maria,* elles s'arrêtent pour faire le signe de la croix et prier à voix basse. C'est à cette heure qu'une vapeur malsaine, qui s'élève chaque soir au-dessus de la ville, comme une ligne étendue de nuages, décèle le passage du Tibre dans Rome.

FOCHETTI.

(Pl. XLIV.)

Sur les ruines du mausolée d'Auguste s'élève un amphithéâtre moderne; dans cet antique et vaste tombeau, aujourd'hui un lieu de plaisirs, des fêtes nocturnes réunissent, chaque dimanche de l'été, les sociétés, les amants, les oisifs de Rome, et les étrangers. On n'y trouve ni danses, ni jeux, ni rafraîchissements; on ne fait que s'y promener au son de la musique qu'un grand orchestre exécute, jusqu'au moment où se tirent de petits feux d'artifice placés au centre de l'arène, et que l'on nomme communément *fochetti* (1). Cet établissement est dirigé par entreprise; les portes s'ouvrent à l'*Ave-Maria* et se ferment à trois heures de nuit, moment où le public se retire. Les *fochetti* commencent le premier dimanche après la Saint-Pierre, et finissent le dernier dimanche de septembre.

évêque, ou même un cardinal. Des palefreniers du pape, en habits rouges, devancent ou suivent la relique. Enfin paraît une grosse machine de bois sculptée et dorée, servant comme de palanquin à deux figures de cire habillées, qui représentent sainte Anne et la Vierge; vingt-quatre *facchini* ou porteurs gémissent sous cette masse pesante.

(1) Les artificiers italiens, les Romains surtout, sont très-habiles dans leur profession. Leur artifice est brillant; ils savent en changer l'aspect, la couleur et les effets avec beaucoup d'adresse. Les *fochetti* paraissent quelquefois à travers des ornements découpés avec lesquels ils se combinent, ce qui offre un moyen de plus de varier les pièces d'artifice.

LA GIOSTRA (1),

(Pl. XLV).

La joute (*giostra*) entre des hommes et des bœufs se fait ainsi que les *fochetti*, dans le mausolée d'Auguste. Ce genre de spectacle est principalement du goût du peuple; il est très-suivi, et les cris tumultueux de l'assemblée sont souvent entendus de loin. La *Giostra* commence à 22 heures précises (deux heures avant la nuit), et finit aux approches de l'*Avé Maria*. Une musique militaire accompagne les joutes, qui se terminent par l'explosion de quelques boîtes d'artifice (*una forte batteria*).

DÉTAILS DE LA *GIOSTRA*,

(Pl. XLVI).

Pour exciter le bœuf, on place un homme dans un long panier d'osier, recouvert de toile peinte, et dont l'intérieur est matelassé (n° 1), de façon que l'animal puisse le renverser et le faire rouler sans danger pour l'homme (n° 2). Les *giostratori* (jouteurs) animent surtout le bœuf en lui présentant un morceau d'étoffe rouge, roulé en partie autour d'un bâton armé d'une pointe de fer (n° 3). Quand le *giostratore* est poursuivi de trop près par l'animal, il cherche son salut en sautant sur le mur d'enceinte de l'arène, et le bœuf furieux ne frappe que la muraille (n° 4); ou, si le danger est moins pressant, il se contente de faire des feintes, en changeant tout-à-coup devant le bœuf la direction de sa course (n° 5). Des *giostratori* ont assez de hardiesse pour placer sur le front du bœuf irrité un nœud de rubans (n° 6); et de plus courageux encore tentent de s'emparer des cornes de l'animal pour le dompter, en lui tenant le front contre la terre (n° 7). C'est avec de grosses cordes à nœuds coulants que l'on fait sortir de l'arène le bœuf indocile que le public réprouve par ses huées; on lui lance les cordes de loin (n° 8), et quand ses cornes sont prises, on le tire vers la porte de sortie des animaux. Des buffles paraissent aussi dans ces sortes de jeux; lorsqu'ils vont frapper le mannequin qui rentre sous la terre, ou celui qui est suspendu au-dessus du milieu de

(1) Les *giostre* commencent après l'Assomption. Ce jour-là on tire le canon dès le matin au château Saint-Ange. A Sainte-Marie-Majeure, il y a chapelle pontificale; quand le Pape s'y rend, il donne, après la messe, du balcon de la grande loge de la basilique, sa bénédiction au peuple rassemblé au dehors. Le soir, dans la ville, on illumine toutes les *Madonne*.

Comme nous traitons maintenant de ce qui a lieu dans le mois d'août, nous dirons un mot d'une coutume que ramène le premier jour de ce mois; elle consiste à faire des cadeaux comme au premier de Janvier; on appelle cela *ferr'agosto*, (du latin *afferre*, apporter, rapporter). Selon le peuple, souhaiter *il buon ferr'agosto* (le bon rapport d'août), c'est souhaiter des poulets ou de l'argent pour en acheter. Ceux qui ont l'habitude de demander la *buona mancia* pour la moindre chose ont, ce jour-là surtout, la main tendue vers toutes les personnes qu'ils rencontrent.

l'arène (n° 9), les ris bruyants des spectateurs se font entendre comme une explosion. On fait combattre quelquefois des sangliers et des taureaux contre des chiens, mais ces combats ne ressemblent aucunement à ceux des taureaux en Espagne.

INONDATION DE LA PLACE NAVONE,

(Pl. XLVII).

Pendant le mois d'août, tous les samedis, les dimanches et les fêtes, dans l'après-midi, on ferme les tuyaux qui reçoivent le trop-plein des fontaines de la place Navone, et, en peu de temps, l'eau se répand dans la place, qui forme alors comme un grand bassin, dont le milieu a jusqu'à trois pieds de haut, et dans lequel vont se promener les équipages, les chevaux et les voitures de toutes sortes. Le coup d'œil que présentent les fenêtres garnies de monde et les nombreux spectateurs qui environnent cette étrange naumachie est à la fois agréable et bizarre. L'ancienne coutume d'inonder la place Navone offre encore aux Romains modernes un grand divertissement.

COCOMERARI,

(Pl. XLVIII).

C'est aussi pendant les chaleurs d'août que des *cocomerari*, ou marchands de melons pastèques, appelés en italien *cocomeri*, s'établissent sur les places publiques les plus fréquentées de Rome. Quelques-uns offrent des bancs et des tables à ceux qui viennent manger des tranches de *cocomeri* en plein air; ce qui arrive surtout à l'heure de la promenade du soir, où l'on jouit de la fraîcheur dont on était privé pendant le jour.

LES *MADONNE* DE SEPTEMBRE,

(Pl. XLIX).

Pendant le mois de septembre, les principales images de la Vierge qui décorent les rues de Rome deviennent tour à tour l'objet de fêtes particulières. Les habitants d'un quartier se réunissent pour fêter leur *Madonna*. Ils entourent l'image de draperies, de feuillage et de fleurs; le soir, ils illuminent cet entourage du mieux qu'ils peuvent; les voisins et les passants, que la dévotion anime, chantent de temps en temps des cantiques ou des litanies, et un orchestre plus ou moins nombreux se fait entendre dans les intervalles. Ordinairement un quêteur, armé d'un tronc de fer-blanc, fait sa ronde en demandant pour la *Santissima*

Madonna. Quelquefois il s'établit près de là un marchand qui vend des images de la Vierge des Bons conseils, des Graces, des Douleurs, etc., selon le quartier. Devant les illuminations, le pavé est jonché de feuilles de buis et de laurier. Enfin, pour compléter ces dévotes cérémonies, on tire des feux d'artifice (*fochetti*) au milieu de la rue; ce divertissement est de rigueur en ces occasions. Tout cela est fait à plus ou à moins de frais, selon la richesse, la vanité ou le zèle de ceux qui dirigent la fête.

MISSION DANS LES RUES,
(Pl. L).

Chaque année, vers la fête de la *Nativité de la Vierge*, on fait la mission dans les rues de Rome. A la chûte du jour, un prêtre, un religieux, monté sur un banc, un fragment antique, une chaise ou un trottoir, appelle les passants et leur fait entendre des paroles de dévotion : tantôt il s'adresse aux hommes, tantôt aux femmes. L'escorte du missionnaire se compose de pénitents masqués, dont l'un porte une croix avec un Christ colorié pour imiter la chair; de chaque côté du crucifix se tiennent les porte-lanternes. Le missionnaire a pour but d'entraîner le plus de monde possible au tribunal de la pénitence; lorsqu'il se rend à l'église pour confesser ses auditeurs, il récite des litanies, et ceux qui le suivent répètent à haute voix les *ora pro nobis* (1).

PRÉDICATEURS,
(Pl. LI).

C'est principalement à l'époque de célébrations de fêtes particulières à telle ou telle église que les prédications y attirent une plus grande affluence d'auditeurs. Alors on élève une estrade en planches, que l'on décore de tapisseries, et sur laquelle le prédicateur, selon qu'il est plus ou moins inspiré, s'anime et s'agite comme s'il était sur un théâtre. Aux paroles de l'écriture sainte, il joint des récits d'anecdotes qu'il a lues ou qu'il invente, et avec lesquelles il se propose d'émouvoir son auditoire (2). Quand il a réussi en partie, il cherche à profiter de ces premières

(1) Peut-être est-ce ici le lieu de parler du fameux oratoire érigé par le père *Caravita*, jésuite, qui institua de règlements pour la mortification du corps. Les mardi, jeudi et samedi de chaque semaine, vers la fin du jour, se successeurs exhortent les dévots à se lacérer la chair pour le salut de leur ame. Pendant l'exhortation, un péniten distribue des martinets et des disciplines aux assistants agenouillés sur les dalles de l'oratoire; après quoi, a signal donné par le religieux, les lumières disparaissent et semblent s'abîmer dans la muraille. L'obscurité la plu profonde règne alors; soudain un bruit confus retentit dans la chapelle; il ressemble à celui de la grêle qu tombe pendant l'orage : ce sont les coups que les flagellants se distribuent eux-mêmes. Quand la mortificatio est jugée suffisante, les clartés reparaissent, et les hommes se retirent pour faire place aux femmes.

(2) En 1817, le jour de la *Nativité de la Vierge*, le prédicateur qui se faisait entendre à l'église de Saint

émotions pour exciter, s'il se peut, un enthousiasme général. Il ordonne de répéter trois fois *Viva Maria !* et trois fois l'église retentit des exclamations des fidèles (n° 1). Des gémissements, des pleurs même, accompagnent ordinairement la fin d'une telle prédication. Du haut de son estrade, le religieux félicite les pécheurs qui se repentent, et désigne du doigt ceux qui paraissent lui résister encore, en les menaçant de la damnation éternelle (n° 2). Il s'empare du grand crucifix, qu'il montre à l'assemblée (n° 3), et souvent cette vue achève de produire l'effet qu'il s'était proposé. Cependant la nuit approche, car la prédication s'est faite à la dernière heure du jour; mais une demi-obscurité est plus favorable à l'épanchement du repentir. Soudain, des pénitents armés de torches traversent la foule; ils apportent l'image vénérée de la Sainte-Vierge. « Voulez-vous sa bénédiction ? dit le prédicateur aux assistants (n° 4); promettez-lui donc de devenir meilleurs. » A ces mots, on entend de toutes parts : *Grace Marie! Marie bénissez-nous !* Et la bénédiction est donnée avec l'image de la Vierge.

Charles au Cours raconta l'aventure suivante, bien propre, comme on en pourra juger, à donner une idée de l'esprit de dévotion des Romains modernes, et de leur amour pour le merveilleux. Nous la rapportons avec une fidélité scrupuleuse, l'ayant consignée sur nos tablettes à l'issue même du sermon :

« Jeune encore, un nommé Ernest s'était retiré dans un monastère pour faire pénitence. Le diable vint, qui lui présenta mille pensées de séduction. Dans ce combat, Ernest faiblit et s'enfuit de la sainte demeure. Privé de ressources, il s'associa avec des brigands. Quelques années après, il tint une auberge sur la grande route, où lui-même assassinait les voyageurs. Un soir, un homme dont la taille était belle et majestueuse vint loger à cette hôtellerie. Ernest le croit riche; il s'arme d'un couteau, et, pendant l'obscurité de la nuit, il veut consommer un nouveau crime. Mais, ô surprise! tout-à-coup la chambre du voyageur resplendit d'une lumière divine. Ernest, Ernest, ne vois-tu pas que je suis le Christ? dit celui que l'assassin n'ose regarder; homme méchant! que veux-tu de moi? N'ai-je pas déja versé tout mon sang pour le salut du monde, pour le tien? Laisse tomber ce fer et retourne au couvent. Ces paroles ont changé l'ame d'Ernest : le lendemain, il quitte son hôtellerie. Comme il traversait le pont qui se trouvait sur la route du monastère, la statue de la *Madonna* ouvrit miraculeusement la bouche et lui promit son assistance; la conversion d'Ernest est achevée. La sainte demeure a recueilli le pécheur une seconde fois; mais la justice inflexible le poursuit dans la retraite, l'en arrache, et le fait traîner au supplice. Il monte sur l'échafaud, s'agenouille pour recevoir la mort (l'assemblée redouble d'attention), et s'écrie en pleurant : Ma chère *Madonna!* vous m'aviez promis assistance; venez, je vous implore. En ce moment le bourreau hésite, il s'arrête immobile, et le peuple crie : Grace! grace pour Ernest! L'ordre fut donné aussitôt de renvoyer le coupable, qui vécut, depuis, dans la plus grande austérité. O vous! pécheurs, qui écoutez ce récit, apprenez à espérer tout de Marie! »

Le jour de la *Nativité de la Vierge*, on tire le canon le matin, et le soir on illumine les *Madonne* des rues et des places publiques.

Le 21 de septembre, jour de Saint-Mathieu, le Pape se rend à *Monte-Cavallo*, et donne sa bénédiction au peuple rassemblé dans la cour du Palais Quirinal. De cet endroit sort ensuite une grande procession qui se dirige vers la porte Pie. Les pénitents qui la composent sont vêtus de robes blanches à collets ou pélerines bleu-de-ciel : ce sont ceux de la confrérie du Saint Nom de Marie; ils ont alors le visage découvert. Sur leur riche et grande bannière on voit représentés, d'un côté un ange armé terrassant des Turcs, de l'autre un Pape et un souverain agenouillés devant la Vierge et l'Enfant Jésus. Aux grosses lanternes portées à cette procession, on remarque l'aigle noire à deux têtes avec la couronne d'or. Ce même jour, il y a deux autres processions dans Rome : celle de la confrérie des Sacrés Stygmates, qui sort de l'église du même nom, portant le sang miraculeux de saint François; et celle de la confrérie de la Vierge des Sept-douleurs, qui sort de l'église de Saint-Marcel au Cours.

Le 29 de septembre, fête de l'archange saint Michel, on tire le canon dès le matin. Dans la journée, le public visite le grand établissement de la Charité et des Enfants-trouvés à *Ripa-grande*. Ce jour-là, à l'église de la Mort, on libère un condamné aux galères.

VŒUX.

(Pl. LII.)

On rencontre assez fréquemment, dans Rome, des femmes qui portent au côté droit de longs rubans flottants, attachés à la ceinture. Ces rubans sont de diverses couleurs, en raison des vœux qu'elles ont faits, et selon les puissances du ciel qu'elles ont implorées (1). Quelquefois la qualité de l'étoffe de la jupe, ainsi que sa couleur, font aussi partie d'un vœu (2). Lorsqu'une sainte image est réputée pour opérer des miracles, elle est toujours entourée de nombreux *ex-voto* de toutes sortes, qui attestent les graces qu'elle a dispensées (3). Enfin, il y a des vœux qui ne peuvent être reconnus extérieurement pour tels, parce que leur exécution se confond avec l'acte de la pénitence, et que souvent leur motif est un secret entre le dévot et la divinité (4).

CIMETIÈRE DU BOURG SAINT-ESPRIT.

(Pl. LIII.)

Chaque soir, à une demi-heure de nuit, on porte au cimetière du bourg Saint-Esprit ceux qui sont morts la veille dans l'hôpital du même nom, situé dans le quartier dit du *Transtevere*, au-delà du Tibre. Les individus qui remplissent ce devoir n'ont pas l'habit de pénitent, bien qu'ils appartiennent à une confrérie; ils conservent le vêtement ordinaire de ville. Cette cérémonie funèbre n'en produit pas moins une grande sensation, surtout lorsque le convoi, éclairé par des torches, gravit lentement la montée pour se rendre au cimetière, et que le chant monotone de *Vive la croix!* trouble seul le silence habituel qui règne dans cette partie de la ville. Dans la cour du cimetière, il y a quatre-vingt-une fosses pour les hommes et trois pour

(1) Le ruban blanc est pour saint Vincent, le rouge pour Jésus Nazaréen, le bleu-céleste pour la Vierge, le violet pour la *Madonna* des Douleurs, le noir pour sainte Anne, etc., cette dernière étant invoquée principalement dans les accouchements.

(2) Celles qui se dispensent de porter l'habit d'un vœu paient des femmes du peuple qui s'en vêtissent pour elles tout le temps prescrit. Cet usage commode est admis parce qu'il est alors considéré comme une aumône.

(3) Ces *ex-voto* sont : des petits tableaux grossièrement peints, représentant les miracles qui ont eu lieu; des bras, des jambes, des cœurs dorés ou argentés, des béquilles de boiteux guéris, des armes d'assassins convertis, etc.

(4) Quelquefois, par exemple, on fait vœu de ne pas aller au spectacle pendant un an et davantage; de faire maigre un temps déterminé; de s'opposer, pendant plusieurs mois, à ce que le devoir conjugal soit rempli; de monter vingt ou trente fois l'escalier saint à genoux, etc.; et tout cela, à condition que l'on obtiendra la guérison d'un malade, un emploi sollicité, un gain à la loterie, et cent autres choses dignes d'éloge ou de blâme, presque toujours en raison de l'intérêt personnel relativement aux choses mondaines, rarement en raison de ce qui doit plaire à Dieu.

les enfants. Ces fosses sont ouvertes alternativement, une par soir. On y descend les cadavres nus, à l'aide de chaînes, tandis qu'au milieu de la cour se font entendre les prières pour les morts, et que le religieux, gardien du cimetière, récite des litanies, en visitant les stations qui sont peintes sur les murs d'enceinte.

COSTUMES PITTORESQUES.

(Pl. LIV.)

Dans les États Romains, chaque petit pays a son costume qui lui est particulier. La couleur variée des étoffes, la coupe des vêtements, les broderies et les rubans de toutes sortes, l'élégance des coiffures, souvent le corail, les bijoux, le clinquant or et argent mêlé à tout cela, rendent ces costumes véritablement attrayants (1).

Les femmes de *Nettuno*, petite ville maritime (n° 1), celles d'*Albano* (n° 2), de *Sonnino* (n° 3), dessinées en cette planche, serviront à donner une idée de ce que peuvent être celles des autres pays, dont les vêtements sont toujours très-variés. Les *ciociare*, ainsi nommés à cause de leurs *ciocie* ou *ciocere*, chaussures faites de morceaux de peaux de bêtes, attachées avec des cordes (n° 4), habitent les montagnes pour la plupart. Quant aux vêtements des hommes, ils varient trop peu pour en faire le sujet d'observations particulières (2).

CARATELLA ALLANT A *TESTACCIO*.

(Pl. LV.)

Le mois d'octobre est une époque de réjouissances pour les habitants de Rome. Les jeudis, dimanches et fêtes de ce mois, chaque après-midi, hommes, femmes, enfants, se réunissent parés de leurs plus beaux vêtements (3); ils remplissent par douzaines les voitures publiques connues sous le nom de *caratelle*, et, se livrant aux éclats de la plus bruyante gaieté par anticipation sur les plaisirs qu'ils se promettent, ils se font conduire

(1) Les costumes italiens, principalement ceux de la basse Italie, offrent un aspect si pittoresque, que tous les artistes qui voyagent dans ces contrées ne peuvent résister au désir de les peindre ou de les dessiner. Les grands peintres de l'école italienne, au risque d'être accusés de faire des anachronismes, les ont également placés dans leurs tableaux : témoin certaines productions de Michel-Ange, de Raphaël, du Dominicain, d'André del Sarte, et de plusieurs autres. Sous ces ajustements, qui ont peu changé depuis, on trouve ordinairement de beaux traits, de belles formes humaines; et telle est la puissance de ces climats, qu'il semble même que la laideur y présente un caractère qui la rend infiniment plus supportable que la laideur dans les pays du Nord. Ceci ne peut être bien compris que des personnes organisées pour les beaux-arts.

(2) On a déja pu voir, dans les planches de cet ouvrage, plusieurs de ces mêmes costumes dont nous parlons, comme on en verra encore par la suite. Mais notre but étant principalement de retracer les usages et les cérémonies, nous ne pouvons donner ici une place trop étendue à des détails sur les vêtements; il existe d'ailleurs sur cette matière une infinité de collections gravées auxquelles nous renvoyons ceux qui auraient besoin de les connaître.

(3) Les femmes ne portent qu'à cette époque leurs chapeaux d'homme ornés de plumes et de rubans.

dans le voisinage du cimetière des protestants, où se voit la pyramide de Caïus Cestius. En regard de cette pyramide est le mont *Testaccio* (1), entouré de caveaux et de cabarets : ce sont les guinguettes de Rome.

IL SALTERELLO.

(Pl. LVI.)

La danse de caractère dans les États Romains se nomme *salterello* ou *saltarello*, que plusieurs voyageurs prononcent *saltarella*, au féminin. On la danse ordinairement à deux (2), au son de la guitare et du tambour de basque. C'est surtout lorsqu'ils dansent à *Testaccio*, en présence de nombreux spectateurs, que les *minenti* (les élégants du peuple) cherchent à lutter de grace et de souplesse.

LA *CANOFIENA.*

(Pl. LVII.)

Dans le mois d'octobre, on voit quelquefois les gens du peuple établir à peu de frais des escarpolettes sous les portes des maisons. Une planche suspendue par quatre cordes compose cette sorte de balançoire, qu'ils nomment *canofiena*.

JEUX DE LA *RUZZICA* ET DE LA *MORRA.*

(Pl. LVIII.)

Le jeu de la *ruzzica*, que l'on devrait appeler *ruzzola* (jouet qui roule, qui tourne), consiste à lancer, aussi loin que possible, un disque de bois ou un fromage de lait de chèvre durci. La *ruzzica* se joue dans des lieux peu fréquentés et d'une étendue convenable, comme, par exemple, hors les murs de la ville. Une corde, une courroie, roulée autour du disque, sert à le maintenir et à le diriger lorsqu'on veut le lancer. Quant à la *morra* (la mourre), elle se joue partout : on n'a besoin que des

(1) Ce petit mont a 130 pieds de haut et 150 de large, sur environ 100 toises de long. Il est, dit-on, formé des débris de poterie, de vases de terre et d'urnes funéraires antiques. L'air, qui circule facilement dans cette montagne ainsi formée, donne au vin que l'on y renferme une fraîcheur extraordinaire. Pendant que le peuple se porte à *Testaccio* pour s'y divertir, les équipages brillants et les voitures de louage conduisent la haute société et la bourgeoisie à la *Porta Pia ;* promenade qui rappelle un peu celle de Longchamp à Paris.

(2) Le *salterello* est une scène complète de déclaration d'amour. En sautillant, en tournant l'un autour de l'autre, les danseurs expriment tour à tour la passion qu'ils feignent d'avoir, le désir de plaire, la joie ou le chagrin, la jalousie et le désespoir; enfin, le danseur met un genou à terre pour fléchir la *sua cara*, qui se rapproche de lui par degrés, toujours en dansant ; lorsqu'elle s'incline avec un sourire, comme pour appeler un baiser, l'amant se relève triomphant, et quelques sauts vifs et légers terminent la pantomime. Quand les spectateurs sont disposés à prendre part à la danse, dès qu'un des deux danseurs est fatigué, il rentre dans la foule, et un autre le remplace à l'instant même; ainsi, hommes et femmes, tous continuent le *salterello*, qui peut de la sorte se prolonger à volonté. Il y a aussi le *salterello* à six : trois personnes sont placées en face de trois autres; un homme entre deux femmes, une femme entre deux hommes; les danseurs s'approchent, s'éloignent et se croisent, toujours en sautillant. Ce *salterello* se danse rarement.

mains ; avec l'une on présente des nombres, avec l'autre on marque les points gagnés (1).

LE RETOUR DES VENDANGES.

(Pl. LIX.)

En automne, et vers le déclin du jour, on voit des troupes de vendangeurs qui reviennent des vignes et rentrent dans Rome au son des instruments, tels qu'on voyait autrefois leurs ancêtres marcher par bandes joyeuses lorsqu'ils célébraient les bacchanales. Comme eux, ils s'acheminent en dansant, et le tambour de basque marque la mesure ; comme eux, ils portent des espèces de thyrses faits de cannes de blé de Turquie et entourés de feuilles de vigne ; les torches qui les éclairent, souvent en bois résineux, sont aussi ornées de feuilles et de bourgeons ; ils rapportent de la vendange des corbeilles remplies de raisin ; leurs têtes sont également couronnées de feuillages, etc. En supposant seulement d'autres costumes, l'imagination pourrait se croire au temps des folies religieuses des anciens maîtres du monde.

UNE *VILLA*.

(Pl. LX.)

C'est en automne, et principalement en octobre, que se font les parties de campagne désignées sous le nom de *villegiature* (2). Les belles *ville* de Frascati, de Tivoli, et des environs de Rome, deviennent alors plus fréquentées. Une *villa* est une de ces magnifiques maisons de plaisance dont les jardins délicieux, ouverts facilement aux curieux qui s'y présentent, renferment une quantité considérable de statues, de vases, de marbres, de fontaines, placés toujours avec un goût exquis, au milieu des sites les plus enchanteurs. Rome aurait complètement raison de s'en enorgueillir, si ces vastes demeures étaient toujours entretenues avec le soin qu'elles exigeraient.

(1) Ce jeu est d'une antiquité fort reculée. Cicéron, pour caractériser un homme auquel on peut se fier, dit : *dignus est quicum in tenebris micet* ; il est digne que l'on joue avec lui à la mourre dans l'obscurité, car il accuserait de bonne foi le nombre de doigts qu'il aurait levés. La *morra mutola* (la mourre muette) se joue sans parler, après la convention faite que l'un des joueurs marquera les nombres pairs, l'autre les nombres impairs. Ce jeu a plus d'une fois suscité de violentes querelles dans les *osterie* (auberges et cabarets) fréquentées par le peuple. Les suites en sont bien moins funestes depuis que la police a défendu expressément de porter des couteaux et des stylets. Les Romains ont encore d'autres jeux, mais il n'offrent pas un caractère particulier, et plusieurs mêmes ressemblent à ceux de France, tel que le jeu de *boccia*, de boule ou cochonnet.

(2) Ces *villegiature*, qui se font pendant le temps de *l'aria cattiva* (du mauvais air), ont pour but principal de fuir les lieux ou les exhalaisons malsaines qui succèdent aux ardeurs de l'été répandent une funeste influence sur quelques parties des États Romains. Vers la seconde moitié de l'automne, arrive ordinairement le temps des pluies. Dans cette planche, qui représente une *villa*, on voit une jeune personne baisant la main à un cardinal. Cet usage est toujours observé en Italie, non-seulement dans le monde envers un supérieur, mais encore en famille envers un père, une mère, qui se contentent de présenter au baiser filial le dessus de leur main. Ceux qui veulent témoigner leur respect et leur vénération pour quelque religieux qu'ils rencontrent, se hâtent de baiser humblement sa manche ou le pan de son manteau.

OSTERIA.

(Pl. LXI.)

Les *Osterie* de Rome (les auberges, les cabarets) ressemblent pour la plupart à des cabarets de campagne. Le vin qu'on y débite est de deux qualités, doux ou sec (*dolce o asciutto*), et ne pourrait se garder plus d'une année. La Fortune et l'Envie, grossièrement peintes, figurent sur les murs des *Osterie,* qui toutes ont aussi leur *Madonna.*

OCTAVE DES MORTS (1).

(Pl. LXII.)

Pendant l'Octave des Morts, on va prier dans toutes les églises, dont les autels sont alors privilégiés en faveur des âmes du purgatoire. On voit dans quelques-unes des catafalques dressés en mémoire des trépassés; près de la porte d'entrée, des pénitents ou des religieux se tiennent à une table, sur laquelle est placé un squelette d'enfant, drapé avec une étoffe d'or ou d'argent; là, ils inscrivent les noms des fidèles qui apportent leurs offrandes pour faire dire des messes ou des prières.

CHEMIN DU CIMETIÈRE SAINT-ESPRIT.

(Pl. LXIII.)

Ce chemin, très-fréquenté à l'époque dont nous nous entretenons, est couvert de mendiants, estropiés pour la plupart, qui, d'un ton lamentable, demandent l'aumône aux passants, leur assurant qu'ils délivreront par ce moyen une âme du purgatoire. En s'acheminant vers le cimetière, les fidèles récitent leur chapelet.

REPRÉSENTATIONS DE SCÈNES RELIGIEUSES.

(Pl. LXIV.)

Ce cimetière du bourg Saint-Esprit, dont nous avons déjà parlé, page 37, est principalement visité le dernier jour de l'Octave des Morts : la statue de la *Madonna* du Rosaire y est alors portée en procession. Chaque année on y voit des scènes de l'Écriture Sainte. Un théâtre avec ses décorations analogues au sujet, et dont les personnages sont des figures de cire habillées, offre le spectacle de la mort d'un Saint ou d'une Sainte; le sang qui ruissèle n'y est pas oublié, non plus que les sabres ou les haches des bourreaux tachés de rouge pour faire illusion. En l'an 1813 on avait représenté dans la cour du cimetière une scène du

(1) Le 1er novembre, jour de la Toussaint, les salves d'artillerie du fort Saint-Ange se font entendre dès la pointe du jour.

jugement dernier. Au milieu était un piédestal, sur lequel on avait peint des damnés au milieu des flammes; il était surmonté d'un ange en cire tenant en main la trompette qui doit réveiller les morts; ceux-ci, véritablement décédés la veille dans l'hôpital Saint-Esprit, avaient été placés au bord des fosses, comme s'ils allaient ressusciter; et pour racheter leurs âmes, les fidèles s'empressaient d'offrir quelques pièces de monnaie.

CHAPELLE DE L'ÉGLISE DE LA MORT.

(Pl. LXV.)

L'une des chapelles basses de cette église est décorée avec des os de morts, si artistement agencés, qu'au premier aspect ils produisent l'effet de nombreux et riches ornements. Les fidèles et les curieux s'y rendent en foule, ainsi que dans une autre chapelle attenante à celle-ci, où l'on a placé un de ces théâtres dont nous venons de parler. En 1817, on y avait représenté la décollation de Saint Jean-Baptiste. A chaque porte de ces chapelles se tient un pénitent noir, agitant à tout moment un tronc de fer-blanc, et prononçant d'une voix sépulcrale ces mots : *per i poveri morti* [pour les pauvres morts] (1).

RELIGIEUX.

(Pl. LXVI.)

En offrant quelques costumes de ceux des religieux que l'on rencontre le plus fréquemment dans les rues de Rome, notre but n'était nullement de donner la description des ordres auxquels ils appartiennent: ces détails nous entraîneraient trop loin. Nous renvoyons nos lecteurs aux nombreux auteurs qui s'en sont particulièrement occupés (2).

JOUR DE MARCHÉ AUX BŒUFS.

(Pl. LXVII.)

C'est à cheval, et armés d'un long bâton ferré, que les conducteurs des troupeaux conduisent les bœufs au marché: ils les poussent devant eux, en les frappant de leurs bâtons, soit pour hâter leur marche, soit

(1) Pendant l'Octave des Morts, on fait chaque après-midi, à 22 heures, la *via crucis* au Colisée; nous l'avons déjà représentée, planche 13. On expose ou on porte processionnellement dans certaines églises les saintes reliques qu'elles possèdent: telles que le bras de Saint-Grégoire, pape, à l'église de ce nom; des reliques de Saint-Clément, pape, à Sainte-Marie-Madeleine; le corps de Saint-Léonard, à Saint-Bonaventure, etc.; et à Saint-Pierre, on montre la lance, la croix et le Saint-Suaire. En consultant l'almanach romain (*il diario romano*), on connaîtra exactement toutes les expositions qui ont lieu pendant le cours de l'année, et dont cet ouvrage n'a rappelé que les plus importantes.

(2) Les artistes, qui se contentent souvent de connaître une chose sous le rapport du pittoresque, pourront consulter les ouvrages suivants : *Ordres religieux et militaires*, par M. Bar; *Histoire des ordres monastiques et chevaleresques*, par le P. Héliot; *Costumes religieux*, *avec armoiries des ordres et des confréries*, par Fialetti. Ces ouvrages sont d'ailleurs accompagnés d'un texte.

pour contenir les plus indociles. L'arrivée des troupeaux ainsi harcelés, les cris de leurs conducteurs qui les poursuivent au galop, font d'une scène de cette nature une action aussi effrayante qu'animée (1).

LES *PIFFERARI* (2).

(Pl. LXVIII.)

Les *Pifferari* (joueurs de fifres et de musettes) sont des habitants des montagnes ou des campagnes de Rome, qui viennent dans la capitale vers la fin de novembre, pour chanter sous les *madonne* qui décorent les rues et les boutiques. Ils séjournent dans cette ville pendant la neuvaine qui précède la *Conception*, et pendant celle qui précède et qui suit le jour de *Noël* (3).

LES PÈRES DE L'*ARACELI*, LE JOUR DE NOËL.

(Pl. LXIX.)

• Les religieux conservent leurs vêtements de moines sous les habits de cérémonie lorsqu'ils officient à la grand'messe, ce qui leur donne un caractère imposant que ne peuvent avoir les ecclésiastiques des autres nations. Ceux qui pratiquent les arts nous sauront peut-être gré de leur avoir retracé cette action, plus développée ici qu'elle ne l'a été planche 26, où nous avons représenté les Camaldules.

LE GRAND *PRESEPIO* DE L'*ARACELI* (4).

(Pl. LXX.)

Pour célébrer la naissance du Christ, un théâtre est élevé dans l'église de l'*Araceli* au Capitole; des figures de cire habillées y représen-

(1) Le marché aux bœufs se tient près de la porte du Peuple, dans une enceinte qui est placée vis-à-vis des murs antiques dits *de Bélisaire*. Autrefois ces animaux étaient conduits sur les terrains de l'ancien Forum, qui, pour cette raison, a été nommé *Campo vaccino* (champ des vaches). Les bœufs, que les bouchers ont achetés, sont assommés dans les boutiques, en présence des passants, qui jouissent ainsi de cet horrible spectacle.

(2) Les *Pifferari* rappellent à l'imagination ces bergers qui vinrent adorer les premiers l'enfant Jésus dans la crèche.

(3) Les fêtes de Noël sont précédées de deux autres fêtes, dont nous dirons les principales particularités. Le 4 décembre, jour de Sainte-Barbe, est la fête des canonniers; elle est annoncée par les salves d'artillerie du château Saint-Ange. Le 8 décembre, jour de la Conception de la Vierge, il se fait à 22 heures une grande procession à l'*Araceli*. Plusieurs centaines de capucins et de pénitents blancs, marchant lentement sur deux files, descendent l'escalier du Capitole, avec leurs croix, leurs lanternes et leurs bannières; ils sont suivis de la statue de la Vierge, portée par une vingtaine d'hommes (à peu près comme à la procession de Sainte-Anne, pl. 42). Cette grande procession est escortée par les soldats du Capitole.

La veille de Noël, le pape entre dans Saint-Pierre, porté par ses 12 *camerieri*, et entouré des cardinaux; il officie aux vêpres. Le lendemain, il se rend également dans cette basilique, pour y célébrer la grand'messe. Il n'y a pas de messe à minuit à Rome; on ouvre les églises à 2 heures du matin, et l'on officie à 3 heures. Les plus belles églises de Rome, richement décorées et toutes éclairées de bougies, mais toujours dégarnies de chaises et de bancs, ressemblent trop alors à des lieux de promenade, car le monde y circule comme dans la rue du Cours. A Sainte-Marie-Majeure, appelée aussi Sainte-Marie du *Presepio*, cette nuit-là on porte en procession le berceau (*la culla*) de l'enfant Jésus, qui reste exposé tout le jour suivant dans l'église. La solennité de Noël est annoncée par le canon du fort Saint-Ange, la veille à la chute du jour, et le matin de Noël au lever de l'aurore.

(4) *Presepio*, crèche, mangeoire. Par extension, ce nom est donné généralement à toute scène qui représente la naissance du Sauveur, l'adoration des bergers et celle des mages. Dans certains palais de Rome, on établit des *pre-*

tent l'adoration des bergers (1). La foule, attirée par ce spectacle, est haranguée par des enfants des deux sexes, que l'on fait monter alternativement sur un petit autel, d'où ils débitent quelques phrases de circonstance; tous les enfants qui se présentent pour parler y sont admis sans distinction (2).

LE COUP DE BAGUETTE.

(Pl. LXXI.)

Pendant les fêtes *del Natale* (de Noël), les pénitenciers se tiennent à leurs confessionnaux, dans les basiliques de Saint-Pierre, de Sainte-Marie-Majeure et de Saint-Jean de Latran. Munis d'une longue baguette, ils en touchent légèrement la tête de ceux qui viennent s'agenouiller devant eux, et, par cette action, la tache du péché véniel est effacée. Ce coup de baguette procure en outre une indulgence de 40 jours; elle est de cent jours, si c'est de la main du grand-pénitencier.

LA *BEFANA*.

(Pl. LXXII.)

A Noël, les principales boutiques de confiseurs et de marchands de jouets d'enfants sont décorées de guirlandes et de clinquant. Au milieu des objets de toutes sortes, étalés en vente, est placée une vieille femme (quelquefois un homme joue ce rôle), aux vêtements noirs, au visage barbouillé de suie : c'est la *Befana* (la guenon, le fantôme), qui est descendue par la cheminée, à l'heure où naquit Jésus, pour apporter des sucreries aux enfants sages, et châtier les petits mauvais sujets (3).

sepi, en forme d'optique, dont la décoration de fond est souvent une vue de la ville ou de la campagne, qui s'aperçoit par une fenêtre ouverte, à laquelle est adossé le petit théâtre. Des soldats et des valets font circuler les curieux qui viennent jouir de cette exposition gratuite.

(1) On se rappelle le sujet de la planche 1re; elle représente la bénédiction donnée, le jour des Rois, au peuple assemblé devant le Capitole. Le même *bambino*, qui sert dans cette cérémonie, figure ici dans le *presepio* élevé dans l'intérieur de cette même église d'*Araceli*.

(2) *Sta notte, a mezza notte, tra l'asino e il bove, è nato un bel bambino, ben fresco e ben carino, il quale Cristo si chiama*. Tel est ordinairement le début de la petite prédication que font ces enfants. Si leur mémoire les trahit, l'auditoire se met à rire. Les plus habiles, parmi ces petits prédicateurs, sont ordinairement ceux qui ont obtenu déjà le prix du catéchisme; ils portent le titre d'*empereurs*, et figurent en conséquence dans les processions du *Corpus Domini*, à la Fête-Dieu.

(3) La lettre que tient la *Befana* est supposée avoir été écrite par un enfant qui lui demandait le cadeau du *Natale;* les bas sont ceux qui ont été placés sous la cheminée pour recevoir des sucreries, et la longue canne que porte la *Befana* doit servir à punir les enfants qui ne méritent pas de récompense. Cet usage a lieu dans l'intérieur de beaucoup de maisons d'Italie, ce qui produit une scène divertissante de famille; alors la *Befana* est assise sous le manteau de la cheminée. Quant aux grandes personnes, ainsi que nous l'avons dit en tête de cet ouvrage, elles se font des cadeaux réciproques le jour de *Noël*, comme on en fait à Paris *le jour de l'an;* cela s'appelle donner et recevoir la *Befana*.

FIN.

Pl. 1.

Bénédiction del Bambino de l'Aracœli, au Capitole.

Pl. 2

Gens du peuple à Rome.

Intérieur de maison du peuple.

Pl. 3

Thomas

Bénédiction des Chevaux.

Polichinelle et Grotesques.

Loges de Théâtre.

Pl. 5

Orphelins à l'enterrement d'un enfant.

Pl. 6

Thomas — Lith. de Villain

Prédication dans le Colisée

23. Somaro

24. Cavaletto

Pl. 8

Lith. de Villain rue de Sèvres, N° 11

Costumes de Carnaval.

Pl. 9

Thomas — Lith. de Villain

I. Confetti.

Pl. 10

Thomas. Lith. de Villain

Les chevaux de course prêts à partir.

Les chevaux rue du cours.

La ripresa de' barberi.

Pl.

I Moccoletti.

Pl. 13

La Via Croce dans le Colisée

Pl. 1[illegible]

Thomas · Lith. de Villain

Le Pape priant dans l'Église de S.t Pierre

Pl. 11.

Thomas. Lith. de Villain.

Friggitori, le jour de S.t Joseph.

Illumination et feux de joie dans Rome.

Feux-de-joie devant un palais.

14 pl

Pèlerins.

L'appel au catéchisme.

Confrérie allant chercher un mort à son logis.

Pl. 20

Chamos

Lith. de Villain

Le mort est porté à l'Église.

Le mort dans l'église.

(Pl. 22)

Thomas — Imp. Lith. de Villain

Amusement du Peuple le Samedi Saint.

Fidèles qui attendent la bénédiction du Pape.

Pl. 2.

Bénédiction du Pape.

Hermitage des Camaldules, à Frascati.

Demeures des Camaldules.

1 2 3

Camaldules.

Thomas.

Offrande de fleurs.

Pl. 2

Thomas. Lith. de Villain

Les Litanies.

Pl. 26

Thomas — Lith. de Villain

Ballon de Fête religieuse.

Pl. 20

Exposition de la Madonna dans l'Église.

Pl. 36

Retour de la Procession

Pl. 31.

Thomas — Lith. de Villain

Grande Procession du Corpus Domini.

Pl. 32.

N° 1

Thomas

N° 2

Thomas. Lith. de Villain

Aux Processions du Corpus Domini.

PL. 33.

Thomas. Lith. de Villain

L'Infiorata.

Jeu de Ballon.

Pl. [illegible]

Fête de S.t Pierre.

La Girandola.

Pl. 37.

Manière de battre les grains

Pl. 31.

Labourage.

Pl. 39.

Thomas

Lith. de Villain

Brigands.

1.

2.

Galériens.

Pl. 41

1.

2.

Le Condamné à Mort

Pl. 42

Lith. de Villain

Procession de Sainte Anne.

Pl. 43.

Promenade.

N. 44

Fochetti.

La Giostra.

Détails de la Giostra.

Pl. 45.

Inondation de la Place Navone

Pl. 48.

Cocomeraro.

Pl. 49.

Thomas — Lith. de Villain.

_Les Madonne di Septembre

Thomas — Lith. de Villain

Mission dans les rues

Pl. 52.

Thomas — Lith. de Villain

Vœux

Pl. 53.

Cimetière du Bourg S.t Esprit

1

2

3

4

Costumes pittoresques.

Pl. 55.

Caratella allant à Testaccio.

Pl. 56

Il Salterello

Pl. 37.

La Cangsiena.

Jeux de la Ruzzica et de la Morra.

Pl. 59

Le retour des Vendanges.

Une Villa.

Pl. 61.

Osteria.

Pl. 62.

Octave des Morts

Pl. 63.

Thomas. Lith. de Villain

Chemin du Cimetière S.t Esprit.

Pl. 12.

Représentations de Scènes religieuses

Chapelle de l'Église de la Mort.

Religieux.

Thomas — Lith. de Villain

Jour de marché aux bœufs.

Les Pifferari.

Pl. 6.

_ Les Pères de l'Araceli le Jour de Noël.

Le coup de baguette

La Befana

www.ingramcontent.com/pod-product-compliance
Lightning Source LLC
LaVergne TN
LVHW010613110826
845149LV00003B/898

9782019190064